蘇州全書

甲編

《蘇州全書》編纂出版委員會 編

·春秋三傳讞
·春秋攷
·石林先生春秋傳

蘇州大學出版社
古吳軒出版社

乙酉五月顧氏藝海樓鈔來

四庫館輯永樂大典本

穀梁傳 卷三四 共字二萬一千七百卅三字

卷五六 共字二萬三千八百四十六字

共抄九萬七千四百九十六字

春秋公羊傳讞 卷一至卷三

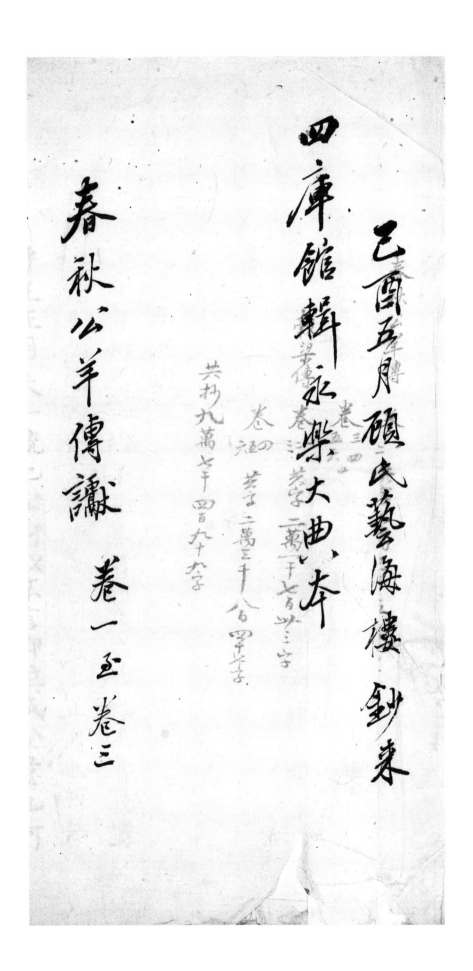

春秋公羊傳讞

宋　葉夢得　撰

卷一

隱公

元年春王正月

元年者何君之始年也春者何歲之始也王者孰謂謂文王也曷為先言王而後言正月王正月也何言乎王正月大一統也公何以不言即位成公意也何

春秋公羊傳詁

成乎公之意公将平國而反之桓曷為反之桓〻幼
而貴隱長而卑其為尊卑也微國人莫知隱長又賢
諸大夫扳隱而立之隱于是焉而辭立則未知桓之
将必得立也且如桓立則恐諸大夫之不能相幼君
也故凡隱之立為桓立也隱長又賢何以不宜立立
適以長不以賢立子以貴不以長桓何以貴母貴也
母貴則子何以貴子以母貴母以子貴

古者以元訓長與始而兼有善意故曰元者善之

長也始年稱元年猶月朔稱吉月伊訓曰惟元祀而序曰太甲元年則三代以來以始年稱元年者尚矣此固不必為義而傳以此起問蓋疑魯不得稱元年爾何休曰王者然後改元立號春秋託新王受命于魯害經之弊莫甚于此王者以正朔一天下故巡狩之所謹者協時月正日而已乃若各隨其即位之年一二以數之此天子諸侯之所同也初未嘗為之禁自漢以後既一于用人正始立

春秋公羊傳讞

號以紀年改號則改年矣而後天下始一于用天子之年非禁其改元禁其改號也而何休乃因其當時所見為説言諸侯不得改元立號方春秋時安得所謂號哉此公羊啓之也　經所立者一王之大法也適因魯史以著之而非以為魯史何獨文王之王哉自春而上見其所受命者天自正月而下見天下之所聽者王故曰天王此言之序固不可以正月先王也　禮所辨者適庶而所謹者

長少立適以長不以賢是也衆妾之子皆庶子豈有妾而又以貴賤爲別者哉古之者庶亦皆以長爾何以知之周景王太子穆后之子壽卒王猛壽之弟也子朝以庶長爭立故告諸侯曰王后無適則擇立長魯襄公薨無適立胡女敬歸之子子野以毀卒季氏欲立敬歸之娣子裯是爲昭公穆叔不欲曰太子死有母弟則立之無則立長蓋太子之弟亦適也王猛雖幼而壽之母弟是以子朝以

春秋左傳詁

庶長欲立而春秋不與使猛而非壽母弟則子朝可立矣昭公雖敬歸娣之子而子野非適故穆叔不欲使子野而適則昭公可立矣楚平王卒昭王以庶子為太子而子西庶長也子常欲立子西曰太子弱其母非適也子西長且好善立長則順建善則治夫無適而有長雖昭王已為太子常猶欲易之況未立乎則庶子未有不以長先者也晉使趙盾納捷菑于邾捷菑晉出也貜且齊也出傳載

邾人之辭曰捷菑也四貜且也六雖然貴則皆貴
也貜且也長趙盾弗克納而還春秋與之則是捷
菑貜且皆非正而貜且以長得立此經之明驗傳
豈不知之乎蓋但見魯成風以後皆致之為夫人
遂立子以母貴母以子貴之論何休因謂禮適夫
人無子則媵與姪娣更以左右為貴賤以次立其
子且以妾子立則母得為夫人此皆于禮未之有
聞是亦傳誤以仲子為桓母求其義不得而臆決

之以為桓幼而貴隱長而賤所以從而附會為之
說也
三月公及邾婁儀父盟于眛
及者何與也會及暨皆與也曷為或言會或言及或
言暨會猶最也及猶汲汲也暨猶暨暨也及我欲之
暨不得也已儀父者何邾婁之君也何以名字也曷
為稱字褒之也曷為褒之為其與公盟也與公盟者
眾矣曷為獨褒乎此因其可褒而褒之此其為可褒

奈何漸進也昧者何地期也

會者禮之名凡經書會于某者皆別于盟之辭非別于及之辭而公羊穀梁皆誤與會侵會伐會圍會救之會同為義故以會及暨三名皆為與後求其所以異者又以最與汲汲暨暨別之耳會自會盟自盟二名本不相關惟內辭或自我外辭或自人然後有會盟有及盟此但以別盟爾而會盟者非向所謂禮者也以人從我而我接之謂之及以

春秋人主傳記

我從人而人主之謂之會此乃可謂最與會侵會伐會圍會救之義同也及連辭也會衆辭也乃外辭則無辨爲直曰盟而已則所謂直盟者也及與會未有參見者惟不得已而假之以為義故首止之會尊王世子不敢與同會則先言及諸侯而後言會王世子黃池之會進吳子為兩伯則先言會晉侯而後言及吳子以此別外會春秋之變例不可以通内盟也若及鄭師伐宋及宋人衛人伐邾及

江人黄人伐陳此又内之微者伐辭以別于會伐者義自不同而公羊概欲一字齊之所以迷而不悟也必以及為汲汲我欲之則邾儀父本為與公盟故褒而得字是乃汲汲求於我者我何為反書及乎惟穀梁以及為内為志會為外為志似近之而又不辨其為直會直盟者左氏于直會多言會而不盟或以為後有盟而經不書似謂會必有盟者蓋又不知會自會之義而併以會盟為禮之會其

失之愈遠也　言褒其失與左氏同傳知其不可通故又爲漸進因其可褒之之論其說愈妄桓書會邾儀父盟于趡何爲而再字乎

夏五月鄭伯克段于鄢

克之者何殺之也殺之則曷爲謂之克大鄭伯之惡也曷爲大鄭伯之惡母欲立之已殺之如勿與而已矣段者何鄭伯之弟也何以不稱弟當國也其地何當國也齊人殺無知何以不地在內也在內雖當國

不地也不當國雖在外亦不地也

段不稱弟段不能弟莊公亦不能以弟弟之交譏之辭也段本非篡弑者不得與齊無知當國並言也不地此內外之辨爾在內雖當國不地則不當國而在內者宜地矣凡諸國書殺其大夫何以不地乎不當國雖在外亦不地則當國而在外者宜地矣蔡人殺陳佗何以不地乎已殺者皆已死之辭也何休謂殺于國內禍已絕故不地則殺于國

外禍亦絕矣安能復交連鄰國爲内難而必錄其地乎

秋七月天王使宰咺來歸惠公仲子之賵

宰者何官也咺者何名也曷爲以官氏宰士也惠公者何隱之考也仲子者何桓之母也何以不稱夫人桓未君也賵者何喪事有賵賵者蓋以馬以乘馬束帛車馬曰賵貨財曰賻衣被曰襚桓未君則諸侯曷爲來賵之隱爲桓立故以桓母之喪告于諸侯然則

何言爾成公意也其言來何不及事也其言惠公仲子何兼之兼之非禮也何以不言及仲子仲子微也宰周公者非以宰氏主之三公自應舉氏今誠宰士豈可遂以宰為氏乎說已見左氏　傳既為母以子貴之論故謂未君不稱夫人則既君當稱夫人矣亂嫡庶以開妾母之僭尚何以言經仲子非桓母說已見左氏　隱立而告桓母之喪于諸侯天王以七月來賵是仲子死在隱立之後七月之前

春秋公羊傳讀

其賵為未緩也安得言不及事以來起問乎蓋謂榮叔歸成風含且賵不言來來者自外至之辭榮叔不親至而使人致之故不言來非以其及事也若然則秦人來歸僖公成風之襚反可言及事乎此蓋亦以惠公仲子為兩人之誤也　仲子誠以微而不足録則没而不書可矣今既顯言仲子不得言微宋人弒其君與夷及其大夫孔父經未嘗不以尊者及卑者君可以及臣則主豈不可及妾

乎此亦强為二人而為之辞也

九月及宋人盟于宿

孰及之内之微者也

兩微者之盟不志于經略之也内辭言及而不名其人者皆公與之盟有所則恥諱而没公此言宋人實微者也以公與微者盟為恥是以但言及然公及莒人盟于包來見公而不没者公欲之也何以知之大夫不敵公公欲之則見公非公欲之則

春秋公羊傳讞

没公書法蓋云爾莊書公及齊大夫盟于蔇者公所欲也文書及晉處父盟者非公所欲也大夫猶然況微者乎

冬十有二月祭伯來

祭伯者何天子之大夫也何以不稱使奔也奔則曷為不言奔王者無外言奔則有外之辭也

公羊之學其妖妄迂怪莫大于黜周王魯以隱公託新王受命之論其説雖起于何休以元年君之

始年推之學者猶疑此言不明見于傳或出東漢讖緯之徒假公羊以附會然至于邾儀父盟于眛以稱字為褒謂因其可褒而褒之為漸進夫國君即位諸侯求好而求盟春秋之常事也何獨于隱而褒儀父哉今于此復言王者無外謂祭伯為奔則加以有外之辭故諱奔而不言凡傳言王者無外四其二以周王言之其一以周公言之獨此無所見若謂亦本于周則王子瑕固嘗出奔矣經豈

春秋公羊傳讞

諱之乎是與前三言不同蓋為魯辭非周辭也由是言之傳雖不正言王魯而其說則實以隱公為王而魯為内非何休之私矣春秋本以周室微弱諸侯僭亂正天下之名分以立一王之法若周未滅而黜之魯諸侯而推以為王則啓天下亂臣賊子乃自春秋始孰謂其誣經敢至是乎將正公羊之失莫大于此學者不可以不察

公子益師卒

何以不日遠也所見異辭所聞異辭所傳聞又異辭
聞見異辭之論分三世亦起于公羊末于獲麐所
論謂春秋何以始乎隱祖之所逮聞者是也其意
初但以已所逮聞者為見以父所逮聞者為聞以
祖所逮聞者為傳聞其例在于日月故有日不日
為之詳略爾是以于桓會稷成宋亂亦云何休從
而緣飾為之說所以見之世臣子恩其君父尤厚
故多微辭所聞之世為恩王父所殺故立煬宮不

日武宮日所傳聞之世為恩高祖曾祖又殺故子赤卒不日子般卒日此固未必皆傳意然傳實有以啓之矣蓋其于會稷言內大惡諱此其日言之何遠也以為此王父之所傳聞故不諱而日之爾今何休于此又以昭定哀為已與父時所見文宣成襄為王父時所聞隱桓莊閔僖為高祖曾祖時所傳聞推其大夫卒日不日為證考之于經皆未嘗有是意也經之所褒貶者善惡若一以恩為隆

殺如休所言叔孫得臣既以有罪略之而不得日
矣而季孫意如貶逐君之罪以厚恩而得日公子
益師無駭以恩殺而不得日如此則善惡倒置賞
罰無章又何以為經乎此固自何休之失然傳為
例亦自不能堅既以桓遠而不諱成宋亂又復曰
隱亦遠矣曷為為隱諱隱賢而桓賤也若但以賢
與賤為別則又何以分三世而降殺乎至于以所
傳聞之世為見治起于衰亂以所聞之世為見治

升平以所見之世為著治太平其説亦妖妄誣聖亂經皆自公羊發之故自漢以來言讖諱者悉祖公羊不可以不正也何休不足言矣

二年

無駭帥師入極、

無駭者何展無駭也何以不氏貶曷為貶疾始滅也始滅昉于此乎前此矣前此則曷為始乎此託始焉爾曷為託始焉爾春秋之始也此滅也其言入何内

大惡諱也

無駭非展無駭説已見左氏春秋所為法者正名以别嫌也雖曰諱惡必有婉其辭而微見者未有併其實而没之者也傳例入者得而不居今滅而謂之入則與前言入向何别乎大抵公羊于隱傳多以託始為言蓋以示新王之意天下無道禮樂征伐自諸侯出凡隱所見盟會入伐取皆諸侯所不得而非始也而獨于入極取牟婁言疾始盟則

春秋公羊傳讀

以為褒會伐則不為義豈實經意哉

九月紀履緰來逆女

紀履緰者何紀大夫也何以不稱使婚禮不稱主人然則曷稱稱諸父兄師友宋公使公孫壽來納幣則其稱主人何辭窮也辭窮者何無母也然則紀有母乎曰有有則何以不稱母母不通也外逆女不書此何以書譏何譏爾譏始不親迎也始不親迎昉于此乎前此矣前此則曷為始乎此託始焉爾曷為託始

焉爾春秋之始也女曷為或稱女或稱婦或稱夫人女在其國稱女在塗稱婦入國稱夫人

婚禮宗子無父母命之親没已躬命之支子則稱其宗弟稱其兄故國君求婚于諸侯曰請君之玉女與寡人共有宗廟之事此親没之辭孰謂不稱主人哉稱諸父兄猶云可也稱師友未之前聞豈有合二姓之好以承其宗廟之重而師友得以主之乎宋公使公孫壽來納幣此正親没而躬命之

者也傳但見履緰不言使故云爾不知此乃母命之辭經于履緰與公孫壽合一見正也婚禮納采問名納吉納徵請期親迎而逆女不與也逆女非婚禮蓋謂國君圖婚于他國既納徵矣使其卿逆而歸之國中而後親迎則逆女與親迎固自不同婚礼主人請期賓告曰某日使者反命主人曰聞命矣及期初昏父親醮子而命之迎主人筵几于廟而拜迎于門外壻執雁入升堂再拜奠雁降出

御婦車而壻授綏先俟于門外此親迎之禮也故曰冕而親迎豈有越國而曰冕者乎春秋諸侯及大夫多有娶于鄰國因逆遂成婚者如齊高固來逆女大夫逆而婚者也可名曰逆不可名曰親迎故經一以逆女書之先儒遂以逆女為親迎而不以逆女為譏蓋自公羊失之

十有二月乙卯夫人子氏薨

夫人子氏者何隱公之母也何以不書葬成公意也

何成乎公之意子將不終為君故母亦不終為夫人也

隱公之母妾也傳言隱公將不終為君故母亦不終為夫人是未嘗致之為夫人也則經安得以夫人子氏薨稱乎不成其為夫人則非特不書葬雖薨亦不得書矣成之為夫人則非特得書薨雖葬亦不得書矣薨與葬在為夫人不為夫人未有為夫人而不書葬不為夫人而得稱夫人書薨者也然

則子氏蓋隱公之妻非母也公之妻則國人夫人之矣故公雖將不終于為君不稱夫人以臣子之辭不得不稱夫人書薨猶公之不得不稱公也

三年春王二月己巳日有食之

何以書記異也日食則曷為或日或不日或言朔或不言朔曰某月某日朔日有食之者食正朔也其或日或不日或失之前或失之後失之前者朔在前也失之後者朔在後也

日食記異也經無所損益因舊史之文而實書之爾非謂有失于朔之前後而經有日有不日也凡書某月某日而不言朔者食非其朔日官之失也書某月而不言日者日不可見則朔與否皆不可知史官之失也日官之失舊史不敢改史官之失經不敢增各從其實而已惟書某月朔而不言日者經成而後闕者也蓋後有日則朔之日　可推非經之闕也

三月庚戌天王崩

何以不書葬天子記崩不記葬必其時也諸侯記卒記葬有天子存不得必其時也曷爲或言崩或言薨天子曰崩諸侯曰薨大夫曰卒士曰不祿

經不書王國之事吾于左氏既言之矣凡天王記崩者非記其崩也以來赴而記也不記葬者非不記其葬也以公自往會爲常事而不記也其有或書塟者有不合于禮因我以卿會之之非禮而併

春秋公羊傳讞

見之也若例以時而不書則何以見我往會之得

禮非禮乎

癸未葬宋繆公

葬者曷為或日或不日不及時而日渴葬也不及時

而不日慢葬也過時而日隱之也過時而不日謂之

不能葬也當時而不日正也當時而日危不得葬也

傳為此六例專在日月也使二百四十二年之間

以事繫日無有一闕者則此例盡行或可矣若當

日而或闕其日經既不敢輒增則所以為例者豈不盡廢哉日月為例公羊穀梁之説也以經攷之蓋無有盡契者故復以變例為之説夫褒貶取舍以義裁之則無常或可變也日月者有常而不可易日月而可變則復安所用例乎故渴葬與慢葬均于不得禮也渴葬則不及時而日慢葬則不及時而不日過時均于不能葬也或隱之而日或不隱之而日此何理也吾嘗以是徧求之未有不如

春秋公羊傳讞

是兩可而得以移易者然後知所以為經者不在是也

四年春王二月莒人伐杞取牟婁、

牟婁者何杞之邑也外取邑不書此何以書疾始取邑也

外取邑不書是也取邑者或誘而取之或迫而取之或用兵而取之故不一以視滅國則猶以為輕矣是以略而不書伐者罰[討]罪之名也服則止矣故

伐未有言勝敗者若伐而取邑則非伐也以問罪為名而攘其地其罪有大于直取者故凡外與內伐而取邑者未嘗不書猶伐而不戰則言戰伐而圍則言圍所以正伐之道也豈獨疾其始哉宋人伐鄭取長葛固不以始也蓋伐邾取漷東田及沂西田猶書而況邑乎

戊申衛州吁弒其君完

曷為以國氏當國也

州吁不氏未三命爾國者謂其欲篡奪以為君也
凡公子公孫弒未有非篡奪者大夫與國人弒未
有篡奪者何待以氏不氏為別宋督弒其君與夷
此不氏者謂之當國可乎齊公子商人弒其君舍
此氏者謂之不當國可乎

夏公及宋公遇于清

遇者何不期也一君出一君要之也

言不期則不得言有要之者也蓋其以汲汲為及

例故于此欲强見我欲之意

秋翬帥師會宋公陳侯蔡人衛人伐鄭

翬者何公子翬也何以不稱公子貶曷為貶與弑公也

翬不氏説已見左氏若以為與弑公貶傳言仲遂卒不于弑時貶于文則無罪于子則無年今翬于此猶未弑隱是于隱則無罪何為而豫貶之乎

五年春公觀魚于棠

何以書譏何譏爾遠也公曷為遠而觀魚登來之也百金之魚公張之登來之者何美大之之辭也棠者何濟上之邑也

言觀非也說已見左氏

九月考仲子之宮

考宮者何考猶入室也始祭仲子也桓未君則曷為祭仲子隱為桓立故為桓祭其母也然則何言爾成公之意也

非也説已見左氏

初獻六羽

初者何始也六羽者何舞也初獻六羽何以書譏何譏爾譏始僭諸公也六羽之為僭奈何天子八佾諸公六諸侯四

非也説已見左氏古者禮之大節有四而已天子也諸侯也大夫也士也天子七廟諸侯五廟大夫三廟士二廟此見于廟者也天子七月而葬諸侯

五月而葬大夫三月而葬士踰月而葬此見于葬者也其餘樂亦然故天子宮縣諸侯軒縣大夫判縣士特縣天子射以騶虞為節諸侯以貍首為節大夫以采蘋為節士以采蘩為節未有五等諸侯而各為之制者也故惟宮室車旗衣服各隨其命數其他未有不同者何此而獨以公侯為辨乎

宋人伐鄭圍長葛

邑不言圍此其言圍何彊也

邑不言圍以小事畧之也然有所見焉則亦書圍彭城圍戚是也若伐而圍邑此正其非伐之道則何為而不書哉經但辨伐之正不正爾安在敵之强弱何休以伐于餘丘為例此伐而不圍者自不得言圍也

六年春鄭人來輸平

輸平者何輸平猶墮成也何言乎墮成敗其成也曰吾成敗矣吾與鄭人末有成也吾與鄭人則曷為末

春秋公羊傳讁

有成狐壤之戰隱公獲焉然則何以不言戰諱獲也輸者歸物之名非墮物之名則輸平不得言墮成此鄭人來輸平亟而曰吾與鄭人未有成亦非是蓋傳誤以狐壤之戰在此時諱隱公之獲而以輸平言之彼戰而獲隱公則其成固已墮矣何用復使人來告乎若曰鄭實不告假之以見公獲則經未有設虛辭者也據左氏狐壤之獲蓋公為太子時事在春秋前公羊不傳事竊聞之而不審是以併

經意失之也

冬宋人取長葛

外取邑不書此何以書久也

非也說已見前

七年春

滕侯卒

何以不名微國也微國則其稱侯何不嫌也春秋貴

賤不嫌同號美惡不嫌同辭

春秋公羊傳讞

滕侯爵而謂之微國傳以為春秋貴賤不嫌同號
何休云春秋王魯託隱公以為始受命王而滕子
先朝公故春秋褒之稱侯以見義此雖非傳正文
即傳論之葬蔡宣公發例曰卒何以名而葬不名
卒從正葬從主人從正云者以名告也何滕侯之
卒猶不以名告乎若以為小國而不得從王則許
男新臣卒男爵又在子下何以復名也蓋其意以
不名見微國復以微國稱侯起問而言貴賤不嫌

同號是實謂春秋託新王得擅進退諸侯爵見下有稱滕子者遂謂滕實子爵以褒而稱侯矣何休之言蓋有所授也

夏城中丘

中丘者何内之邑也城中丘何以書以重書也

中丘以夏城明知其非時左氏言之是矣城一邑亦國之常事何足以重言哉

齊侯使其弟年來聘

春秋公羊傳讞

其稱弟何母弟稱弟母兄稱兄

母弟稱弟母兄稱兄是也以為齊年以母弟稱弟則非諸侯之尊弟兄不得以屬通何弟之云哉親親之義固以見褒貶則言之爾齊年稱弟私之也不然陳招亦母弟也何以或稱公子或稱陳侯之弟乎

八年春

三月鄭伯使宛來歸邴

宛者何鄭之微者也邴者何鄭湯沐之邑也天子有事于泰山諸侯皆從泰山之下諸侯皆有湯沐之邑焉

非也説已見左氏

庚寅我入邴

其言入何難也其日何難也其言我何言我者非獨我也齊亦欲之

經凡直書事而不日者皆内辭也如城楚丘戍鄭

虎牢戍陳取鄭之類是矣其特言我者皆斥公以
見貶之辭如齊伐我吴伐我之類是矣此本不與
齊事何以見齊亦欲之乎

九月辛卯公及莒人盟于包來

公曷為與微者盟稱人則從不疑也

何休以為人實莒子以公行微諸侯不肎從故使
稱人則隨從公不疑于迂誕盖如此隱公本不疑
諸侯不從何為經遽設疑而見其從乎凡經人諸

侯者皆外之之辭也莒本無罪疑不從公而貶之為人是經以疑似而妄貶諸侯矣

冬十有二月無駭卒

此展無駭也何以不氏疾始滅也故終其身不氏滅國與弒君之罪孰重翬弒隱公言終隱之篇貶無駭但滅國言終其身貶使無駭卒于桓公之世則猶當見貶于桓公是滅人之國重于弒己之君也可乎

九年春

俠卒

俠者何吾大夫之未命者也

傳前于無駭入極不氏言貶其始滅國于翬伐鄭不氏言貶其與弒公則謂大夫不氏者皆經之貶辭也今于俠與後柔溺復以為吾大夫之未命者既曰大夫矣安有未命而可名以大夫者乎且無駭也翬也俠也柔也溺也皆不氏者亦何以别其

為貶與未命之異彼特以無駭有入極之事翬有弑公之罪而妄意之爾非實有聞于經者吾嘗求其說而後知公羊穀梁皆未嘗見周禮不知諸侯卿大夫之制故于經書氏不氏之際每紛然妄為之辭而卒不辨按周官大國次國小國皆有卿有大夫有士大國次國之卿皆三命其大夫皆再命其士皆一命小國之卿皆再命其大夫皆一命其士皆不命而王制大國三卿皆命于天子次國三

卿二卿命于天子一卿命于其君小國二卿皆命于其君鄭氏謂小國亦三卿一卿命于天子二卿命于其君以為文誤此其説是也參二經論之春秋所謂大夫者合周禮之卿大夫而言也凡三命者皆以名氏見再命者以名見而不氏一命者以人見而名氏皆不見公子之重視大夫亦必三命而後得氏見再命則名而已此因先王之舊制以為書法者也魯次國也隱桓之世下成康為未遠

猶能守先王之典禮卿大夫之命數不敢僭而相越故其卿三命當以名氏見則公子益師公子彄是也其大夫再命當以名見則無駭翬俠柔溺是也公羊穀梁但見莊僖以後卿大夫無不書名氏者不知大夫日强而世卿專國無不僭而三命者故于隱桓之世每為異論吾以其後言單伯為吾大夫之命乎天子者推之則其所謂未命者公自命之而非天子之所命者也其意若以為天子之

所命者為命大夫當以名氏見公之自命者不得為命大夫當以名見而不氏不知天子與公所命雖不同而其命數則一天子之命卿亦三命也君自命之卿亦三命也天子之命大夫亦再命也君自命之大夫亦再命也何以天子之命則曰大夫公自命之則不曰大夫乎既曰天子之命大夫以名氏見矣然而單伯稱邑與爵而不名則又非公子益師公子彄之例此其說所以反覆皆不通者

未嘗知周禮之過也由此觀之凡傳言大夫不氏
者皆可以是類求矣

十年

夏翬帥師會齊人鄭人伐宋

此公子翬也何以不稱公子貶曷為貶隱之罪人也
故終隱之篇貶也

非也說已見前

六月壬戌公敗宋師于菅辛未取郜辛巳取防

春秋公羊傳讞

取邑不日此何以日一月而再取也何言乎一月而再取甚之也

内取外邑或書時如僖春伐邾取須朐之類或書月如宣春正月伐莒取向之類或書日如文春伐邾三月甲戌取須朐之類初未嘗不日何言取邑不日而以為例凡不日者皆以見伐取同時也此既以壬戌敗宋師辛未取郜辛巳取防自不得不各見日以為辨必謂甚一月再取則甲戌取須朐

豈再取乎

宋人蔡人衛人伐載鄭伯伐取之

其言伐取之何易也其易奈何因其力也因誰之力因宋人蔡人衛人之力也

此取三國之師非取載也何以知之鄭之所怨者三國而已以人情而言救載以拒三國則有之矣安得反附三國而因載乎載蓋附庸之國嘗屬于鄭者三國以鄭故伐其與國故鄭復乘其玩兵之

獘而取其師爾

十有一年春滕侯薛侯來朝

其言朝何諸侯來曰朝大夫來曰聘其兼言之何微國也

滕薛皆侯爵不得爲微國是亦所謂託始王魯因其來朝褒之以爲侯者也晉荀庚來尋盟衛孫良夫來尋盟不同日尚猶各見滕薛雖微國亦安得兼言之若遂以魯爲王耶則以諸侯而旅見非特

微國也雖大國亦可矣若以周未滅魯猶列國則雖微國亦不得而旅見矣有天子在上乃使諸侯得旅見列國之君尚足以為王法哉

冬十有一月壬辰公薨

何以不書葬隱之也何隱爾弑也弑則何以不書葬春秋君弑賊不討不書葬以為無臣子也子沈子曰君弑臣不討賊非臣也不復讎非子也葬生者之事也春秋君弑賊不討不書葬以為不繫乎臣子也公

春秋公羊傳讞

薨何以不地不忍言也隱何以無正月隱將讓乎桓故不有其正月也

既以君弑賊不討不書葬為天下之大法矣則不得更以隱之為義　以隱無月正起問是也以為將讓桓而不有其正月則元年何以書正月哉此隱失其正存其元年以見正而去其二年以後以見貶故三年四年十年言王二月七年言王三月者正月適無事也其餘言春而不言月者事在正

月而因以去之者也或者以為此十年正月適無事故不書然則八年三月前書宋公衛侯遇于垂九年三月前書天王使王南季來聘安知其非正月事乎

春秋公羊傳讖

春秋公羊傳讖卷一

春秋公羊傳讞

卷二

宋 葉夢得 撰

桓公

元年春

鄭伯以璧假許田、

其言以璧假之何易之也易之則其言假之何為恭也曷為為恭有天子存則諸侯不得專地也許田者

春秋公羊傳讀

何魯朝宿之邑也諸侯時朝乎天子天子之郊諸侯皆有朝宿之邑焉此魯朝宿之邑也則曷為謂之許田諱取周田也諱取周田則曷為謂之許田繫之許也曷為繫之許近許也此邑也其稱田何田多邑少稱田邑多田少稱邑

鄭伯實以璧假田則自當書矣若以為有天子存諸侯不得專其地故變易為假以見其恭是經加之辭也隱公入邴取郜取防雖內辭而直書之不

以專地為不恭鄭伯但易田乃為之說恭辭乎作經本以正天下之功罪若以天子存每為之辭則天下無可正之罪而經亦無貶矣　春秋正名周田而謂之許田其名亦亂矣此實隱十一年與齊鄭入許所分之田說已見左氏田者各繫其邑以為稱者也周之田不可為許之田許之田不可為周之田兼取兩國之邑不可以田多而論邑少邑亦兩也兼取兩國之田不可以邑多而論田少田

亦兩也邑者兼田與邑皆得之名田者得田而不得邑之名安得有田多邑少邑多田少者乎是亦不足以為例

二年春

三月公會齊侯陳侯鄭伯于稷以成宋亂

內大惡諱此其目言之何遠也所見異辭所聞異辭所傳聞異辭隱亦遠矣曷為為隱諱隱賢而桓賊也

傳既以惡大小論諱矣又以遠近為辨既以遠近

為辨矣以賢與賤為辨三者不得並行則何者為正乎且此以書成宋亂為賤桓而不諱然戰于宋曰内不言戰言戰乃敗矣不言戰豈非諱乎狐壤之獲不言戰為賢隱而諱然公觀魚于棠何以書譏豈非不諱乎

秋

蔡侯鄭伯會于鄧

離不言會此其言會何蓋鄧與會爾

春秋公羊傳讞

傳但見内言公及邾儀父盟于眛公及鄭伯盟于越外書齊侯鄭伯盟于石門齊侯衛侯盟于沙澤之類不言會故以為離不言會不知公會戎于潛公會齊侯于邴之類何嘗不言會乎若以此為鄧與會為三國則定十四年齊侯宋公會于洮豈洮亦與乎蓋傳不能辨會及之意以會為聚辭故妄與及為别何休以齊侯鄭伯如紀為例尤見其陋此朝也安得謂之會

三年

夏齊侯衛侯胥命于蒲

胥命者何相命也何言乎相命近正也此其為近正奈何古者不盟結言而退

非也說已見左氏

四年春正月公狩于郎

狩者何田狩也春曰苗秋曰蒐冬曰狩常事不書此何以書譏何譏爾遠也諸侯何為必田狩一曰乾豆

春秋公羊傳說

二曰賓客三曰充君之庖

天子諸侯無事歲三田礼王制以為夏制今有三時而無夏何休以為春秋制飛鳥未去于巢走獸未離于穴恐傷害幼稚二説皆非是此亦傳未嘗見周禮之過也

夏天王使宰渠伯糾來聘

宰渠伯糾者何天子之大夫也其稱宰渠伯糾何下大夫也

王之下大夫春秋以名氏見上大夫則舉國爵今稱宰渠伯則非下大夫也加之以名謂桓弑君不朝而反聘之即其使而名以見貶也其曰宰則太宰矣桓公弑其君而立天子不能治天下莫能討而王使其宰聘之示加尊寵天理滅矣人道亡矣書天王言當奉天也而所為如此名紏尊卑貴賤之義亡矣人理既滅天運乖矣陰陽失序歲功不能成矣故不具四時

六年春正月寔來

寔來者何猶曰是人來也孰謂謂州公也曷為謂之寔來慢之也曷為慢之化我也

非也說已見左氏

秋八月壬午大閱

大閱者何簡車徒也何以書蓋以罕書也

大閱周制冬田之名也傳以為簡車徒則三年大此之名也其謂之罕以為自入春秋歷隱公未嘗

大閱而今始見耶則其罪非獨在桓公隱亦與之矣而隱無文以見也以為自桓以來六年始大閱過其三年之制也則終桓之世不失大閱亦無文以見也所謂以罕書者非書之法也然則大閱者常事也得其時制則不書今冬田而秋興之以是為譏爾

蔡人殺陳佗

陳佗者何陳君也陳君則何為謂之陳佗絕也曷為

春秋公羊傳讀

絶之賊也其賊奈何外淫也惡乎淫淫于蔡蔡人殺
之

陳侯據左氏殺陳侯鮑之太子免而篡之位者也
佗陳出厲公蔡出蔡人欲立厲公故以弑免之罪
殺佗經以蔡人書之討賊之辭也傳蓋不知其事
但見州吁為衛人所殺而陳佗為蔡人所殺而不
敢以一辭推之然陳佗即所謂五父者任陳之事
久矣今又篡而為君豈有淫獵于他人之境國人

無從之者而蔡人不知之乎

九月丁卯子同生

子同生者孰謂謂莊公也何言乎子同生喜有正也未有言喜有正者此其言喜有正何久無正也子公羊子曰其諸以病桓與

太子生國之大事所當書者也適繼隱桓之後而不見于他公故公羊意之以為喜有正耳不知他公之生嫡子或在為太子時薨或不及生而薨或

春秋公羊傳讞

嫡夫人無子或雖嫡而不以太子之禮舉之唯莊公獨得其正所以書爾

七年春二月己亥焚咸丘

焚之者何樵之也樵之者何以火攻也何言乎以火攻疾始以火攻也咸丘者何邾婁之邑也曷為不繫乎邾婁國之也曷為國之君存焉爾

咸丘魯地杜預之言是矣以出火非其時故書爾

凡内伐國取邑未嘗不先言伐以正其伐之道況

于焚乎咸丘誠邾邑亦當先見伐邾若曰君存君焚而死耶則罪有大于焚宜有異文若但攻之而已則何用以君爲重其言疾始火攻亦非是按經未有復書焚者亦何始之云

夏穀伯綏來朝鄧侯吾離來朝

皆何以名失地之君也其稱侯朝何貴者無後待之以初也

失地之君凡來奔于我者皆是也何嘗以其貴而

盡以朝禮接之獨見于二君乎朝不朝在彼而已使其實不朝雖以貴者待之安可以言朝使其實朝雖不以貴者待之安可以不言朝盖失地之君有以奔來而不能朝者有不以奔來而能朝者各以其實書爾不以奔來而能朝者猶不失其君而圖復謂之寄公黎侯寓于衛者是也故名之名之者亦所以别二君也

八年春正月己卯烝

烝者何冬祭也春曰祠夏曰礿秋曰嘗冬曰烝常事不書此何以書譏何譏爾譏亟也亟則黷黷則不敬君子之祭也敬而不黷疏則怠怠則忘士不及茲四者則冬不裘夏不葛

周春正月者夏之冬建子之月烝之節也傳見後書五月丁丑烝以為非時故見烝爾若冬不烝可以五月烝乎是固常事不必書所以書者以桓弒君而篡國無辭以見其宗廟故求豐于祀以媚其

春秋公羊傳讞

祖考使隱而有知其吐之矣所以烝獨書于桓雖得其時亦書者見其烝而又烝以求乎豐者也

祭公來遂逆王后于紀

祭公者何天子之三公也何以不稱使婚禮不稱主人遂者何生事也大夫無遂事此其言遂何成使乎我也其成使乎我奈何使我為媒可則因用是往逆矣女在其國稱女此其稱王后何王者無外其辭成矣

婚禮不稱主人說已見前所以不稱使者謂以三公逆女爾　傳前既不知不稱使之意故今復誤以為成使乎我天子之后即謀于我不反命而遂逆之所以示貶也尚何成之云乎

十年

冬十有二月丙午齊侯衛侯鄭伯來戰于郎

郎者何吾近邑也吾近邑則其言來戰于郎何近也惡乎近近乎圍也此偏戰也何以不言師敗績內不

春秋公羊傳讞

言戰言戰乃敗矣

戰于奚戰于升陘未嘗不地郎何獨為近邑來之為言為其非前定而主乎戰不可言齊侯衛侯鄭伯敗我師于郎故變文云尔其為内不言戰言戰乃敗同也

十有一年

秋七月葬鄭莊公九月宋人執鄭祭仲

祭仲者何鄭相也何以不名賢也

賢非也嘗入而為王大夫者爾

鄭忽出奔衛

忽何以名春秋伯子男一也辭無所貶

書武成言列爵惟五分土惟三武王以為反商政政由舊則商爵未嘗不列五等也而漢諸儒未見孔氏尚書皆為商爵三等之論謂商止有鬼侯梅伯而無子男武王初定天下始增此二等蓋妄矣而傳亦以為春秋變周從商合伯子男以為一故

以鄭忽未踰年之君法當稱子嫌其與伯子男之名相亂成其君而書名不知經貶鄭忽不稱子者為其不能子而奪之也且在喪之子與伯子男之子義自不同夫孰不能辨況鄭是伯爵春秋何嘗合子男為一手所謂變周之文從商之質者皆非經本意傳自為說爾

十有四年

乙亥嘗

常事不書此何以書譏何譏爾譏嘗也曰猶嘗乎御廩災不如勿嘗而已矣

非也此與左氏言不害者異義而同失說已見左氏

十有五年

五月鄭伯突出奔蔡

突何以名奪正也

經于諸侯出奔未有不書名者非貶也別二君爾

春秋公羊傳讞

惟衛侯出奔楚不名蓋以叔武不當為君而內無君也以奚為奪正則凡正而名者為何所奪乎

鄭世子忽復歸于鄭

其稱世子何復正也曷為或言歸或言復歸復歸者出惡歸無惡復入者出無惡入有惡入者出入惡歸者出入無惡

四例皆非説已見左氏即傳而言鄭奚不當為君而篡其兄忽當為君而奪于弟奚者出有惡者也

反從出入無惡例書歸忽出入無惡者也反從出有惡例書復歸可乎忽不言子自以正忽非與突為善惡者也不得反不如突而以出為有惡矣非特此也衛成公始以殺叔武為伯主所執未歸而又殺公子瑕乃從出入無惡例書歸周敬王大子之母弟王猛死而國人立之乃從出入俱惡例而書入趙鞅去晉陽本不以事欲除君側之惡人據之以叛罪不重于欒盈而書入魚石與于蕩山之

卷二　十三

亂不容于宋而出奔罪不輕乎于荀寅士吉射而書復入則無一可通矣

邾婁人牟人葛人來朝

皆何以稱人夷狄之也

言夷狄之者是也獨言朝桓之惡而不及旅見則非也

秋九月鄭伯突入于櫟

櫟者何鄭之邑曷為不言入于鄭末言爾曷為末言

爾祭仲亡矣然則曷為不言忽之出奔言忽為君之微也祭仲存則存矣祭仲亡則亡矣

國者入其國中而得國者也邑者入國之境而未得國者也得國言國得邑言邑各以其實非以邑不足于國而淺言之也　不言忽出奔不告則不書爾鄭自突入之后忽再入而為高渠彌所弒立子亹齊人復殺子亹而祭仲立子儀皆不見經不可別為義

春秋公羊傳讞

十有六年

十有一月衛侯朔出奔齊

衛侯朔何以名絶曷爲絶之得罪于天子也其得罪于天子奈何見使守衛朔而不能使衛小衆越在岱陰齊屬負茲舍不即罪耳

據傳意謂天子嘗召衛小衆朔不從因問罪懼而奔齊託疾不受命與穀梁言天子召而不往者大畧同此蓋全不知朔奔之因如左氏所書者可見

二氏不傳事誤信其所聞而妄以解經每如此

十有八年

冬十有二月己丑葬我君桓公

賊未討何以書葬讎在外也讎在外則何以書葬君子辭也

君子辭者謂桓見弑于齊讎在外春秋不責魯以力所不能及故書葬若然則前所謂君父弑而臣子不復讎爲非臣子者止施之内而已豈所謂父

母之讎不與共戴天者乎傳言齊襄公以九世之讎而復紀伍子胥借吳之力以復楚又何以皆賢而與之春秋者因事以立法不為一人設也此但論讎復不復爾若以齊强魯弱因以恕之遂廢天下之復外讎者亦何足以為法此其失與穀梁同說已見穀梁

莊公

元年春王正月

公何以不言即位春秋君弑子不言即位君弑則子
何以不言即位隱之也孰隱隱子也
前于桓不書即位曰如其意也是如桓公之意也
今于莊公不言即位曰隱之也孰隱隱之也是孔
子隱之也弑君書即位不書即位所以別其君之
與聞乎弑不與聞乎弑桓言如公意猶可也莊言
隱子不獨不見莊之意隱桓皆魯君也孔子豈不
隱于隱而獨隱桓乎上云子不言即位而繼云隱

子則子者謂莊公也何休乃以為隱痛是子之號則

以子為桓公亦非傳意

三月夫人孫于齊

孫者何孫猶孫也內諱奔謂之孫夫人固在齊矣其言孫于齊何念母也正月以存君念母以首事夫人何以不稱姜氏貶曷為貶與弒公也其與弒公奈何夫人譖公于齊侯公曰同非吾子齊侯之子也齊侯怒與之飲酒于其出焉使公子彭生送之于其乘焉

擠幹而殺之念母者所善也則曷為于其念母焉貶
不與念母也
夫人在齊而謂念母以首事是經加之虛文也夫
加之虛文以見母足矣又何以言內諱奔而謂之
孫乎若然則是實奔非為念母起也此蓋傳不見
夫人書至故意為在齊又見夫人書孫故以為念
母不知夫人固已從桓公之喪而歸其不書至者
見魯人之意爾不與念母是子可以絕母乎

春秋公羊傳讀

夏單伯逆王姬

單伯者何吾大夫之命乎天子者也何以不稱使天子召而使之也逆之者何使我主之也曷為使我主之天子嫁女諸侯必使諸侯同姓者主之諸侯嫁女于大夫必使大夫同姓者主之

王之卿六命其大夫四命卿以氏爵見經則劉子單子之類是也大夫以氏字見經則南季榮叔之類是也諸侯無四命之大夫則不得有以氏字見

者然書于春秋四人焉魯有單伯宋有蕭叔鄭有祭仲陳有女叔三家初未嘗辨學者多不能了以吾考之附庸之孤稱字其為公子孤者亦稱字外臣入而為王大夫稱字其歸復其國者亦稱字各證其事則魯單伯宋蕭叔附庸之孤也鄭祭仲陳女叔嘗入為王大夫者也公羊穀梁皆以单伯為吾大夫之命乎天子者葢微知之而不盡其説若但國之命大夫此亦三命耳安得以氏字見乎何

春秋公羊傳讞

以不稱使亦非所以起問凡魯自以卿往京師故
書如以見使此天子既命我主王姬矣則以單伯
逆之非魯事自不嫌于不稱使也

△王姬歸于齊

此條應編于十有一年冬纂修者因元年冬十月亦有王姬歸于齊一條誤列于此宜改正

何以書過我也

此與莊元年書王姬歸于齊者同亦以我主之故也
其逆無事故不見逆常事也公羊穀梁見無築館
之事遂疑為過我不知築館本亦不合書但以其

其築之于外非禮爾左氏記齊侯來逆共姬此豈

過我云乎

王使榮叔來錫桓公命

錫者何賜也命者何加我服也其言桓公何追命也

錫與賜異錫者賞也所謂彤弓天子錫有功諸侯

也賜者非常也所謂三公一命卷若有加則賜者

也故成八年書天子使召伯來錫公命言錫此與

文言毛伯來錫公命者同皆于元年見之文始命

春秋公羊傳讞

桓追命也蓋桓終身不朝亡〔王〕故既薨王于莊公即位之元年追錫之爾何以謂之賜乎二名既不辨故遂以為加我服不知此乃正命之為魯侯耳何加之云

齊師遷紀郱鄑郚

遷之者何取之也取之則曷為不言取之也為襄公諱也外取邑不書此何以書大之也何大爾自是始滅也

傳載齊襄公復讎與經皆不合說已見後經書紀季以酅入于齊紀侯大去其國蓋深致意于紀者何為于襄公而諱之哉遷者徙其君長宗廟社稷而有其地者也宋人遷宿齊人遷陽是矣郱鄑郚者紀之三邑也齊將滅紀先奪其三邑故與外取邑繫紀而特書且變文言遷以見齊志爾豈襄公之諱乎

二年

夏公子慶父帥師伐於餘丘

於餘丘者何邾婁之邑也曷為不繫乎邾婁國之也

曷為國之君存焉爾

於餘丘當從左氏為國非邑也

三年

五月葬桓王

此未有言崩者何以書葬蓋改葬也

改葬而魯嘗不往會則不書改葬而魯嘗往會則當書

改卜葬猶言改豈有改葬而反不言改何以别于緩喪乎傳但見桓王七年而後書葬故意之爾方周之衰王室卑弱禮不備于天子者固多故不足于財而求賻于我者有之亦安得必桓王能如期而葬蓋傳為天子記崩不記葬必其時之説故不得不云爾其實左氏言緩者是也

秋紀季以酅入于齊

紀季者何紀侯之弟也何以不名賢也何賢乎紀季

春秋公羊傳讞

服罪也其服罪奈何魯子曰請後五廟以存姑姊妹齊暴紀而滅之紀何罪之可服而以紀季為賢蓋由以誤襄公之復讎言也

四年

紀侯大去其國

大去者何滅也孰滅之齊滅之曷為不言齊滅之為襄公諱也春秋為賢者諱何賢乎襄公復讎也何讎爾遠祖也哀公亨乎周紀侯譖之以襄公之為于此

焉者事祖禰之心盡矣盡者何襄公將復讎乎紀卜
之曰師喪分焉寡人死之不為不吉也遠祖者幾世
乎九世矣九世猶可以復讎乎雖百世可也家亦可
乎曰不可國何以可國君一體也先君之恥猶今君
之恥也今君之恥猶先君之恥也國君何以為一體
國君以國為體諸侯世故國君為一體也今紀無罪
此非怒與曰非也古者有明天子則紀侯必誅必無
紀者紀侯之不誅至今有紀者猶無明天子也古者

春秋公羊傳讀

諸侯必有會聚之事相朝聘之道號辭必稱先君以相接然則齊紀無說焉不可以並立乎天下故將去紀侯者不得不去紀也有明天子則襄公得爲若行乎曰不得也不得則襄公曷爲爲之上無天子下無方伯緣恩疾者可也

紀侯譖殺齊哀公事二傳皆無見獨公羊言之史記齊世家取之公羊者也然云周烹哀公而立其弟靜是爲胡公胡公復爲哀公母弟獻公山所殺

自獻公七傳而為襄公襄公蓋(謚)承哀公母弟之後非哀公之後也周制內外亂鳥獸行則滅之使紀侯誠譖哀公者有明天子紀侯不過誅及其身而已何至遂滅其國乎諸侯號辭稱先君上則其太祖下則其高祖而已哀公之廟固已親盡而毀矣先王制禮為可傳也為可繼也故雖天子所以事其祖禰者亦不過三昭三穆與太祖之廟為七自非太祖六世而迭毀去祧為壇去壇為墠而五世

春秋公羊傳讞

之外且無服矣非忘也之禮有節文也所謂父母之讐不與共戴天者各以其身言之爾故父之讐使辟諸海外孫以下不及焉豈有百世而責之復讐者乎傳立三世之論魯以傳聞之世大惡猶不諱而與齊以九世之讐復之于今之紀侯亦自相伐矣

六月乙丑齊侯葬紀伯姬

外夫人不書葬此何以書隱之也何隱爾其國亡矣

徒葬于齊爾此復讎也曷為葬之滅其可滅葬其可葬此其為可葬奈何復讎者非將殺之逐之也以為雖遇紀侯之殯亦將葬之也

非也此因諱襄公之失而為之説者也

秋七月

冬公及齊人狩于郜

公何為與微者狩齊侯也齊侯則其稱人何諱與讎狩也前此者有事矣後此者有事矣則曷為獨于此

春秋公羊傳識

焉譏于讎者將壹譏而已故擇其重者而譏焉莫重乎其與讎狩也與讎者則曷為將壹譏而已讎者無時焉可與通通則為大譏不可勝譏故將壹譏而已其餘從同同

經凡為公諱者皆沒公此若為公諱言及齊侯狩于郜可矣何用反人齊侯人齊侯則與微者何辨乎且桓與莊皆傳所謂傳聞之世遠而不諱者也二人皆非賢君何桓則不諱成宋亂莊則諱與齊

侯狩于

五年

秋倪黎來來朝

倪者何小邾婁也小邾婁則曷為謂之倪未能以其名通也黎來者何名也其名何微國也

倪為小邾猶楚先言荆後言楚越先言於越後言越各從其主人非春秋之辭也若曰未能以名通則倪亦名爾與小邾為一耶二耶一則既能以倪

通何為不能以小邾通若則安有小邾而言倪也滕侯卒不名傳曰微國也今黎來名又曰微國等為微國或不得名或特見名則將孰從也

冬公會齊人宋人陳人蔡人伐衛

此伐衛何納朔也曷為不言納衛侯朔辟王也五國以今年春伐衛而王人子突以明年三月救之則方五國之師興未見所以辟王者也五國實不辟王而傳為之辭雖以正其義而反縱失五國

之罪果經之意乎此蓋傳不知經凡不與納者皆
　不書納也
六年春王三月王人子突救衛
王人者何微者也子突者何貴也貴則其稱人何繫
諸人也曷為繫諸人王人耳
　傳意以子突為王子突為其救衛不克故貶而繫
諸人若微者然經未有以微者貶王子者也王子
繫王之稱非繫人之稱今子突既繫諸人矣則安

春秋公羊傳讞

知其為王子乎若欲以微者貶之則稱王人足矣又何必見子突于義兩無當子突字也王人本不得以字見蓋善其救文内無褒王之義即子突以著之春秋計義不計功不責子突之必能克衛而傳正相反也

夏六月衛侯朔入于衛

衛侯朔何以名絶曷為絶之犯命也其言入何篡辭也

諸侯出奔書名說已見前此言以犯命絶之則凡奔而名者豈皆犯命乎入與納本二事納者人納之入者已自入按五國以去年冬伐衛今年六月朔入秋而書公至中有子突救衛之事則子突不克救黔牟而朔實以五國之援得立經不與其納故以入為文入逆辭也經之意在入不在名以入為篡辭者亦非是蓋公羊穀梁皆不了入納之義盡以為篡故每失之也

秋公至自伐衛

曷爲或言致會或言致伐得意致會不得意致伐衛

侯朔入于衛何以致伐不敢勝天子也

傳爲此言學者皆不能了何休以所伐國服不服

言之則當爲會伐有致會有致伐者也今考于經

會伐而見致者十有三不致者二其九皆以伐致

以會致者惟成十六年十七年兩伐鄭之役而已

桓之十五年成之十年兩伐鄭不致此固無以爲

說矣成後兩伐始伐既未能服鄭而公以僑如之
譖季孫行父執于晉次伐鄭楚子重救鄭諸侯無
功同盟于柯陵而還是何以為得意而皆書會乎
據傳公以楚師伐齊取穀曰何以致伐未得乎穀
也平丘之會公不與盟大夫執曰何以致會不恥
也穀本無會自不得致會平丘本無伐自不得致
伐不應以是起問則何休之說殆非傳本意以吾
觀之蓋謂會而得意則經致不得意則經不致伐

而不得意則經致得意則經不致故于僖書公至自伐楚曰楚已服矣何以致伐楚叛盟也此傳凡公行見經者一百七十有六而致者纔八十有二不致者九十有四求其說而不得故以為經有不致者以別之爾其實亦非也凡諸侯出入禮必告廟然隱一公獨無致者何哉隱不當為君而不告廟也則諸公亦固有不告而不得書者矣亦或史失之而不盡見也左氏于桓傳公羊至自唐曰告

于廟謂不告于廟則不書此言近矣是告廟則書不告則不書經各據其實無所加損也彼伐而致伐者因伐而會伐在會前故致伐伐而致會者會而謀伐伐在會後故致會爾必以書致為義若有當致而或不告不書或史失之而不得書則經何以見之乎而公羊穀梁每曲為生意初未嘗見事本末但直以意臆之而卒無可通者且僖公會淮謀鄫而為之城齊有亂不果城而還可以言不得意

矣而反書致莊公伐齊納子糾不克納而小白先入亦可以言不得意矣而反不書致此類蓋不可勝舉可以知其言之無據也

冬齊人來歸衛寶

此衛寶也則齊人曷為來歸之衛人歸之也衛人歸之則其稱齊人何讓乎我也其讓乎我奈何齊侯曰此非寡人之力魯侯之力也

經言齊人來歸衛寶此于義豈不簡直易明何用

復以衛人參之乎此蓋疑以衛寶為言故爾然傳
前解取郜大鼎于宋曰此取之宋其謂之郜鼎何
器從名地從主人蓋亦謂器之與人非有即而取
之者故正其本名何衛寶而獨不得正其名哉

七年

夏四月辛卯夜恒星不見夜中星霣如雨

恒星者何列星也列星不見何以知夜之中星反也
如雨者何如雨者非雨也非雨則曷為謂之如雨不

修春秋曰雨星不及地尺而復君子修之曰星霣如
雨何以書記異也
此以霣言也雨星者自上而下之辭猶言雨雪之
雨如雨者衆多之辭猶言號令衆多如雨之雨若
舊史曰雨星春秋修之曰星霣如雨則二義不同
矣霣者至地之辭不及地尺而復者是不至地之
辭若舊史謂不至地春秋修之謂至地則二義亦
不同矣春秋蓋未嘗有變舊史而自爲之辭者也

無麥苗

無苗則曷爲先言無麥而後言無苗一灾不書待無麥然後書無苗何以書記灾也

春秋記灾以其害物也其義在物不在灾一灾不書豈待害物衆而後書乎麥苗同時大水之害一也麥先種而彊苗後種而弱書法以是爲序等爲灾何先後之辨穀梁曰同時者是也

八年春王正月師次于郎以俟陳人蔡人

春秋公羊傳讞

次不言侯此其言侯何託不得已也

師待陳人蔡人而次于郎此其實事也次不目事目以侯陳人蔡人者著魯之緩爾其後郕降本不相及而公羊妄一之以為託不得已何休從而為諱滅同姓之説若是春秋果有虛加之文者乎蓋郕本未嘗滅而傳以為諱滅故併此失之也

甲午祠兵

祠兵者何出曰祠兵入曰振旅其禮一也皆習戰也

何言乎祠兵為久也曷為為久吾將以甲午之日然後祠兵于是

祠兵左氏穀梁作治兵當從二氏是亦見不果于進而書而非為久也説已見穀梁

夏師及齊師圍成成降于齊師

秋師還

還者何善辭也此滅同姓何善爾病之也曰師病矣曷為病之非師之罪也

春秋公羊傳讕

成即郕也左氏為郕其載富辰之言所謂管蔡郕霍魯衛毛聃郜雍曹滕畢原酆郇為文之昭者是以傳文既誤以為成又誤以為盛據傳當是同姓之國易之以魯邑之名魯滅之而遷其降于齊師降而後歸加之以事未畢之辭使若先去則三者于經無一書其實者不惟郕滅而謂之降且縱失魯滅同姓之罪而枉齊以殭滅隣國之惡如是而為春秋乎其矯妄誣經無所忌憚敢至于是凡傳

言若此類者皆經之巨蠹學者不可以不察

九年春

公及齊大夫盟于暨

公曷為與大夫盟齊無君也然則何以不名為其諱與大夫盟也使若衆然

大夫不名說已見左氏若諱與大夫盟自當沒公何為反見公而不序大夫戊寅大夫盟此豈亦無君而言衆者哉

夏公伐齊納糾

納者何入辭也其言伐之何伐而言納者猶不能納也糾者何公子糾也何以不稱公子君前臣名也

納與入異吾前言之矣伐而言納以其實書也若魯但以師納之而不伐豈可謂之能納乎若伐而遂納之豈可謂之不能納乎子糾不氏君薨稱子之義爾傳知其不可同當國之説故復為君前臣名之論諸侯之大夫固不相臣莊公非子糾之君

自無臣之之理使君前臣名未有獨舉名者何為
而必去氏乎

齊小白入于齊

曷為以國氏當國也其言入何篡辭也

小白不氏亦未三命而不氏非當國吾于齊公子
商人言之矣此蓋傳以納為入故與言衛朔者同

八月庚申及齊師戰于乾時我師敗績

內不言敗此其言敗何伐敗也曷為伐敗復讎言也此

春秋公羊傳講

復讎乎大國何為使微者公也公則曷為不言公不與公復讎也曷為不與公復讎復讎者在下也

内辭皆諱敗唯乾時之戰不諱與外同辭書敗績者不正其忘仇讎而納子糾故雖敗不以為恥也何復讎之謂哉范甯謂讎者無時而可通其言是矣且是時小白雖已入齊而子糾猶在魯不以是為納子糾而強以復讎在下言之孰有知其然者其曰不與復讎在下而不言公者尤非復讎審出

于誠耶則臣子言之公行之可以無貶矣如不出于誠而姑以為言則臣子亦偽而已何獨責于公哉

十年春

二月公侵宋

曷為或言侵或言伐觕者曰侵精者曰伐戰不言伐圍不言戰入不言圍滅不書（言）入書其重者也

傳以精觕辨侵伐與左氏言有鍾鼓無鍾鼓者同

皆略知之而不盡其本意説已見左氏

三月宋人遷宿

遷之者何不通也以地還之也子沈子曰不通者蓋因而臣子也

傳言遷者謂環而守之也凡經書遷皆謂從其君長宗廟社稷云爾何獨于宿見環而不通經未嘗有是意也

夏六月齊師宋師次于郎公敗宋師于乘丘

其言次于郎何伐也伐則其言次何齊與伐而不與戰故言伐也我能伐之故言次也

凡言次者皆止而有所待也二師止于郎蓋謀以伐我也齊知其不可而去我用公子偃之謀乘宋之不整追而敗之于乘丘此亦理之所宜有左氏言之是矣所以言宋師而不及齊師地乘丘而不地郎傳蓋不知其事故加伐以為之言而謂齊與伐不與戰然則書齊師宋師伐我公敗宋師于乘

工豈不甚明何用沒伐而言次乎所謂我能敗之
故言次者自當直記敗宋師齊既不與伐何次之
云此亦不知魯伐宋之實故也
秋九月荆敗蔡師于莘以蔡侯獻舞歸
荆者何州名也州不若國國不若氏氏不若人人不
若名名不若字字不若子蔡侯獻舞何以名絕曷為
絕之獲也曷為不言其獲不與夷狄之獲中國也
傳為此七例以為通春秋而言耶則春秋大夫書

氏書人書名書字者未嘗與諸侯州國爵相通止為諸侯言耶則諸侯未有書氏書字者其書名之義亦與書州書國書字之義不類夫五等皆爵也此末獨以子為最優度其意似為荊起專為夷狄言然荊者九州之別也楚荊州之一國爾故商頌言奮伐荊楚謂荊之楚猶魯頌言荊舒是懲亦荊之舒楚入春秋先以荊自名蓋冒州以為大其後自强始復其本號經但據其實書亦傳所謂地從

主人者也譬之徐亦夷也而冒徐州之稱其後微弱自不改故經亦從之豈楚而抑以為荊者乎若然荊大而楚小亦不得言州不若國也秋以氏見惟潞氏甲氏此乃其國號與赤狄之種殊族者猶言英氏亦豈春秋抑之乎且潞氏甲氏亦未見其為進于稱楚者氏不若人亦非也國而進為人若楚言楚人吳言吳人猶云可也設潞氏甲氏有善可進而為潞人甲人乎名䏔辭也吳楚惟見于卒

書名字則未之聞也何人不若名名不若字之有唯書子者蠻服在中國之内雖大曰子得其本爵為美然亦不可與字並言七者無一可據皆不可行于經　經于諸侯大夫有言執者有言獲者有言以歸者執者以罪拘止之者也獲者戰敗而力得之者也以歸者因服而就虜者也其義不同而經或名或不名名者不復者也不名者復歸其國者也各以其事參考之可見蔡侯名而不言獲蓋

因虜而不復者也傳本以秦為夷如經書秦獲晉侯吴獲陳夏齧齊國書何為復與其獲中國乎

十有一年

秋宋大水

何以書記灾也外灾不書此何以書及我也

外災不書謂諸國也若宋為二王之後則未嘗不書然亦必告而後書不告則不書也此以為及我書則魯自被灾何不書于魯而反書宋乎非詳内

此處應將元年誤編王姬歸于齊一條移入

畧外之義矣

十有三年

冬公會齊侯盟于柯

何以不日易也其易奈何桓之盟不日其會不致信之也其不日何以始乎此莊公將會乎桓曹子進曰君之意何如莊公曰寡人之生則不若死矣曹子曰然則君請當其君臣請當其臣莊公曰諾于是會乎桓莊公升壇曹子手劍而從之管子進曰君何求乎

春秋公羊傳讞

曹子曰城壞壓竟君不圖與管子曰然則君將何求曹子曰願請汶陽之田管子顧曰君許諾桓公曰諾曹子請盟桓公下與之盟已盟曹子摽劍而去之要盟可犯而桓公不欺曹子可讎而桓公不怨桓公之信著乎天下自柯之盟始焉

齊小白晉重耳在春秋諸侯彼善于此則孔子嘗稱之矣所謂九合諸侯一匡天下者是也至于經則未嘗與焉經王法也非三代所以得天下者不

道何小白重耳之足言乎故孟子曰仲尼之徒無
道桓文之事三尺童子羞稱五伯雖荀卿其猶知
之而公羊穀梁每謂經于二伯有異文有言為小
白諱者矣有言為重耳諱者矣此復為盟不日會
不致之論豈有聞于孔子者哉妄以其淺陋之意
度之爾凡經書盟多不日非特桓也而會亦多不
致吾前嘗言之矣今傳既摘取其見于桓者以為
說知其不可盡合則又更為之辭于扈之盟日則

以為危莊公于葵丘之盟日則以為危小白于納
幣而致則以為公一陳佗于救徐而致則以為久
夫既以信小白為例則不得為莊公及久近而變
若為莊公及久近而變則孰不可變乎葵丘一矜
而叛者九國事本無實審為有之是一人之身而
信之于前危之于後亦惡在其以不日為例也
曹子左氏所謂曹劌者也司馬遷以為沫以傳考
之其事皆無有且所謂城壞壓竟者謂齊侵魯地

而深入也按齊自莊公以來兩主王姬之嫁夫人饗會齊侯與如其師者四皆與齊為好齊未嘗加兵于我至十年我以子糾之故一敗齊師于長勺齊亦未嘗報安得所謂城壞壓竟者哉齊既未嘗侵我地則固無曹子請田之事歸汶陽田亦不見經至鞌之敗以晉令始歸我事在成二年與此不相接此公羊傳聞之誤戰國之士從而文之復謂魯于齊嘗三戰三敗與經書長勺事正相反尤可

見其妄

十有四年春齊人陳人曹人伐宋

夏單伯會伐宋

其言會伐宋何後會也

齊人陳人曹人伐宋本不與魯期魯聞而以單伯往齊如言陳侯使袁僑如會者何以見其期而後會也

十有六年

冬十有二月公會齊侯宋公陳侯衛侯鄭伯許男曹伯滑伯滕子同盟于幽

同盟者何同欲也

非也說已見左氏

十有七年春齊人執鄭瞻

鄭瞻者何鄭之微者也此鄭之微者何言乎齊人執之書甚佞也

微者弒君殺大夫春秋猶不以名見一以盜書之

春秋左氏傳讀

鄭瞻但佞人何為獨以名書乎此與邾庶其莒慶同再命之大夫而左氏謂以鄭不朝而書〔執〕則鄭前年已同盟于幽非不服齊者也是時小白始霸諸侯皆朝之故以責鄭然有天子在上小白亦安能必諸侯之朝已哉此經所以不以侯執以見非伯討且不稱行人非其使之事也傳但見瞻以微者見執書且後書逃故逆以為佞豈其實哉

夏齊人殲于遂

濊者何濊積也衆殺戍者也

左氏作殲當從左氏殲盡也無積義書曰殲厥渠魁盡渠魁之辭也詩曰殲我良人盡良人之辭也

秋鄭瞻自齊逃來

何以書書甚佞也曰佞人來矣佞人來矣

甚佞之義于經文無見所謂逃來者猶言來奔也在本國則可言奔在他國則不可言奔故謂之逃竊以其身免者也以逃爲貶則可無以見其爲佞

人

十有八年

夏公追戎于濟西

此未有言伐者其言追何大其為中國追也此未有伐中國者則其言為中國追何大其未至而豫禦之也其言于濟西何大之也

非也追非美辭過我而躡之爾

二十年

夏齊大災

大災者何大瘠也大瘠者何痢也何以書記災也外災不書此何以書及我也

周官有大札有大荒有大烖大札疫也大荒饑也大烖水火之害也齊非二王之後而亦得書者以其烖之甚故加大也猶陳鄭宋衛四國同日災而書爾以痢言之誤也曰及我亦非是說已見前

二十有二年春王正月肆大眚

肆者何跌也大省者何災省也肆大省何以書譏何譏爾譏始忌省也

大省爲災省如何休言以爲子卯日省吉事而不舉可也則爲忌其諱而不舉之義然訓肆爲跌跌豈忌哉即其説自不能通蓋仍夫人薨之後爲之辭爾此蓋未嘗見眚災肆赦之文故也

二十有三年春公至自齊

桓之盟不日其會不致信之也此之桓國何以致危

之也何危爾公一陳佗也

公如齊納幣言非禮可矣安知其淫于齊而與陳佗比哉此拘桓會不致之妄也

荊人來聘

荊何以稱人始能聘也

稱人者其臣來也猶吳會于戚得稱吳人春秋常法也不得為別義此蓋拘其國不若人之誤也七等進退之辨傳本謂其君言也今國進而人豈其

春秋公羊傳讀

君自來聘乎

二十有四年

夏公如齊逆女

何以書親迎禮也

非也說已見左氏

秋公至自齊八月丁丑夫人姜氏入

其言入何難也其言日何難也其難奈何夫人不僂

不可使入與公有所約然後入

此事既無實不知其何據如何休所言迂誕亦甚矣蓋傳不知書入為責娶讎女之義而拘其書之之例故妄為之辭也

戊寅大夫宗婦覿用幣

宗婦者何大夫之妻也覿者何見也用者何用者不宜用也見用幣非禮也然則曷用棗栗云乎腶脩云乎

大夫宗婦蓋二事宗婦非大夫妻則庶婦之宗媍

何休以為大夫為宗子者之妻此言宗婦諸侯同宗別嫡夫人之宗婦則是矣然莊公使大夫之宗婦用幣覿夫人者欲以大夫重夫人也曾何大宗小宗之擇哉宗婦亦大夫妻也庶婦亦大夫妻也所以為重者在大夫爾則宗婦蓋公同宗之婦非大夫之宗婦左氏記御孫之諫可考當從左氏

冬戎侵曹曹羈出奔陳

曹羈者何曹大夫也曹無大夫此何以書賢也何賢

乎曹羈戎將侵曹曹羈諫曰戎衆以無義君請勿自敵也曹伯曰不可三諫不從遂去之故君子以爲得君臣之義也

禮侯伯之卿視公皆三命其大夫再命子男之卿皆再命其大夫一命春秋所謂大夫者通卿言也吾前于俠卒言之詳矣秦鄭皆伯國也其卿當以名氏見而適無書于經者若鄭之宛𥅡秦之術則再命之大夫而以名見者矣邾莒吴楚皆子國也

無三命之卿固不得以名氏見而其卿再命則當以名見故邾有快有庶其有畀我莒有拏有慶有牟夷有意恢吳有札楚有椒有宜申有屈完公子嬰齊屈建薳罷之類得以氏見者僭也曹亦伯國與秦鄭同故公子首公孫會以三命之卿見矣而公羊穀梁每為曹秦邾莒吳楚無大夫之論學者疑焉吾嘗考其說是以未見周禮而蔽其所聞若王制所謂小國二卿皆命于其君者以為無命大

夫爾則王制之誤其傳不為無自故梁穀于莊傳
曹殺其大夫言大夫不稱姓名者無名大夫也是
公羊穀梁之知曾郭鄭氏之不若矣然曹伯國也亦
不得從小國二卿之說蓋又見曹之微弱而妄意
之不知其國雖微其爵固在也古者豈以國之彊
弱而為命數之損益哉由是推之二氏言無大夫
者皆不可施于經吾不復以一二正其妄學者于
是可以察矣所謂曹羈者曹君也按下書赤歸于

春秋公羊傳讀

曹與前言哭歸于鄭鄭忽出奔衛同文此豈大夫
之謂乎

赤歸于曹郭公

赤者何曹無赤者蓋郭公也郭公者何失地之君也
此言尤不可解經未有以國爵書諸侯而先見名
赤審赤實為郭公何不曰郭公赤歸于曹而故錯
之哉諸侯適他国非朝即奔未有非其國而言歸
者此左氏不著其事而杜預釋之甚詳雖未必有

據然其義與經合也

二十有五年

六月辛未朔日有食之鼓用牲于社

日食則曷為鼓用牲于社求乎陰之道也以朱絲營社或曰脅之或曰為闇恐人犯之故營之

此為合禮則不書矣諸侯用幣于社伐鼓于朝天灾有幣無牲今鼓用牲于社所以書尚何求陰之道哉說已見左氏

春秋公羊傳讀

秋大水鼓用牲于社于門

其言于社于門何于社禮也于門非禮也

禮以雩宗祭水旱宗當為禜皆有壇焉禜門用瓢齎而已用牲于社于門皆非禮也故書合禮則亦不書矣

二十有六年

曹殺其大夫

何以不名衆也曷為衆殺之不死于曹君者也君死

乎位曰滅莒為不言其滅為曹羈諱也此盖戰也何
以不言戰為曹羈諱也
列國大夫雖衆不過三卿晉殺郤錡郤犨郤至盖
累書之矣何為衆則不名哉盖傳于殺大夫例不
辨有罪無罪故不知此以無罪則不名左氏之言
是也曹羈誠賢然國之大事莫大于戰君死又戰
之大焉豈以一大夫之故而使曹下不見其與戎
戰上不見其君滅乎于經既無文此盖仍前三諫

之誤而鑿言之也

二十有七年

秋公子友如陳葬原仲

原仲者何陳大夫也大夫不書葬此何以書通乎季子之私行也何通乎季子之私行辟內難也君子辟內難而不辟外難內難者何公子慶父公子牙公子友皆莊公之母弟也公子慶父公子牙通乎夫人以脅公季子起而治之則不得與于國政坐而視之則

親親因不忍見也故于是復請至于陳而葬原仲也
諸侯大夫私行出疆必請反必有獻士私行出疆
必請反必告禮也未有不通乎私行也其于適者
之死君為訃之曰吾子之外私寡大夫某不禄亦
禮也訃之則葬之未有不通乎葬也其不見于經
小事則不書也季子之特書春秋蓋有義焉而曰
君子辟内難不辟外難以通乎季子之私行則未
之聞夫如吳季札之聘使其國自相魚肉卒至于

春秋公羊傳讕

亡而莫聞謂之辟內難可也而春秋未嘗與何季子而與之乎如公羊所言季子起而治之則不得與乎國政坐而視之則親親因不忍見于是請而至陳是季子欲全其身委其君而棄其國也以為吳季札則可以為見與于春秋則不可此蓋公羊微聞其事而不聞其實故其叛理如此其以慶父牙皆莊公之母弟亦非是慶父以公二年氏公子帥師伐于餘丘已為大夫莊公年幾十五不應慶父

弟而已能將兵杜預蓋知之傳獨稱季友為文姜之愛子慶父見論語亦氏孟孫先儒謂仲孫者慶父借嫡欲次莊公而自稱之辭孟孫者其庶兄曾人稱之之辭與叔牙同母皆庶子故牙欲立之此為近實

二十有八年春王三月甲寅齊人伐衛衛人及齊人戰衛人敗績

伐不日此何以日至之日也戰不言伐此其言伐何

春秋公羊傳讞

至之日也春秋伐者為客受伐者為主故使衛主之也曷為使衛主之衛未有罪爾敗者稱師衛何以不稱師未得乎師也

此以左氏考之齊之伐衛蓋以王命討衛立子頹之罪也衛不服而戰故以衛主戰言衛未有罪者不見其本事而誤以不會幽意之也稱人貶也齊之稱人亦以伯主不能討衛待王命而後討也凡經書戰書敗績者傳皆以為偏戰若衛未得師則

詐戰爾經何得以戰敗績書哉

冬築微

大無麥禾

冬既見無麥禾矣曷為先言築微而後言無麥禾諱以凶年造邑也

經先書築微而後言大無麥禾蓋國用虛實歲杪而後知之也傳既誤以無麥禾為災害故以凶年造邑為諱若是則經固錯其序使若非以凶年造

春秋公羊傳[illegible]

邑者是亦變文亂事實而非諱也

三十年

秋七月齊人降鄣

障者何紀之遺邑也降之者何取之也取之則曷為不言取之為桓公諱也外取邑不書此何以書盡也

邑必有所附之國未有無君長而能自立者也郱鄑郚在當時已不能有鄣安得獨存于今蓋紀附庸之國紀亡別屬他國而不屈于齊者也不言取

言降見力服之爾

齊人伐山戎

此齊侯也其稱人何貶曷為貶子司馬子曰蓋以操之為已蹙矣此蓋戰也何以不言戰春秋敵者言戰桓公之與戎狄驅之爾

言貶者是矣而非為戎言也此蓋見後言齊侯來獻戎捷故云爾小白加兵于中國者固不一何獨以山戎而反貶之哉是蓋責其未能事王室而勤

春秋公羊傳讞

遠畧也

三十有一年春築臺于郎

何以書譏何譏爾臨民之所漱浣也

一歲三築臺不必以事而知其過也傳皆各為義

非実使不以臨民浣漱不以遠不以臨國則可築

乎

三十有二年

秋七月癸巳公子牙卒

何以不稱弟殺也殺則曷為不言刺為季子諱殺也
此非所以起問凡卒公子自應以氏惟殺之責其
不兄然後言弟賢之然後言弟牙欲顯其罪誅之
則當如刺公子偃書刺今既以親〻之道遏惡不
直誅而酖之傳所謂使託若以疾死然則書卒乃
常法矣何為復見殺乎傳蓋見書公弟叔肸卒故
云爾而不悟其非類也夫所謂諱者不言刺言卒
是也若復以不弟見之是季友欲隱而經暴之安

在以為諱乎

春秋公羊傳讞卷二

春秋公羊傳讞

宋　葉夢得　撰

卷三

閔公

元年春王正月

公何以不言即位繼弒君不言即位孰繼繼子般也孰弒子般慶父也殺公子牙今將爾季子不免慶父弒君何以不誅將而不免遏惡也既而不可及因獄

有所歸不探其情而誅焉親親之道也惡乎歸獄歸獄僕人鄧扈樂曷為歸獄僕人鄧扈樂莊公存之時樂曾淫於宮中子般執而鞭之莊公死慶父謂樂曰般之辱爾國人莫不知盍弒之矣使弒子般然後誅鄧扈樂而歸獄焉季子至而不變也

將而不免季子力所能誅也既而不可及季子力所不能誅也方牙欲立慶父其謀未成獨莊公知之故季子可以誅若弒般則慶父之惡已見季子

所無可奈何故去而出奔挾僖公以為後圖豈季子力能誅而不誅哉若以既而不及者皆得以歸獄免則凡弑君而成者舉皆容於親親而不討矣所謂季子至而不變者亦非是季子可誅慶父而不誅則不奔不可誅而奔則逃難之不暇尚何論變不變哉若吴僚之於札曰事若克季子雖至不吾廢也季子歸而不治曰非我生亂立者從之復位而待是可治而不治乃可言不變也

春秋公羊傳讞

冬齊仲孫來。

齊仲孫者何公子慶父也公子慶父則曷為謂之齊仲孫繫之齊也曷為繫之齊外之也曷為外之春秋為尊者諱為親者諱為賢者諱子女子曰以春秋為春秋齊無仲孫其諸吾仲孫與

經變文以示義則有之矣未有從而顛倒本末亂名失實更易族姓參錯國號者魯公子慶父而曰齊仲孫豈有是理哉按慶父者公子也仲者其字

也逮其孫而後可氏仲孫亦安得身自氏乎此蓋傳不知齊自有仲孫湫而經不書其名之義妄意之也凡公羊之學大抵皆謂經有變實而立義者諱滅郕為同姓而謂之盛諱取周田而謂之許田晉敗王師而謂之茅戎如此之類不一其言詭誕皆不可行於經也

二年

冬齊高子來盟

春秋公羊傳讞　卷三

春秋公羊傳讞

高子者何齊大夫也何以不稱使我無君也然則何以不名喜之也何喜爾正我也其正我奈何莊公死子般弒閔公弒比三君死曠年無君設以齊取魯曾不興師徒以言而已矣桓公使高子將南陽之甲立僖公而城魯或曰自鹿門至於爭門者是也或曰自爭門至於吏門者是也魯人至今以為美談曰猶望高子也

左氏不載其事以仲孫來推之則小白意之是亦

使高子來省難爾其不言使與屈完來盟於師者同皆制在二人也而公羊穀梁皆以為立僖公者誤矣杜預言僖公新立因遂結盟此雖意之而實其情也何以知之自季子歸魯魯之權猶在慶父故季子不能治至于再弒閔公及閔公弒夫人慶父之惡已著雖欲歸獄以自免而國人不能容故夫人孫慶父奔則内無與為難者季子可以行其志矣召僖公而立之何必高子乎不以小白懷貳

遂定僖公之位使慶父不得復入則高子之功也故嘉之書字公羊穀梁大抵皆不見閔僖之間事是以既失於仲孫又失於高子穀梁則以為不以齊侯使高子而公羊以為我無君其傳果實不應有二說也公羊蓋病其君不行使乎大夫之例云爾正使高子以小白之命來立僖公則所與盟者即僖公非大夫也亦安得為無君子乎

僖公

元年春

齊師宋師曹師次於聶北救邢

救邢救不言次此其言次何不及事也不及事者何邢已亡矣孰亡之蓋狄滅之曷為不言狄滅之為桓公諱也曷為為桓公諱上無天子下無方伯天下諸侯有相滅亡者桓公不能救則桓公恥之曷為先言次而後言救君也君則其稱師何不與諸侯專封也曷為不與實與而文不與文曷為不與諸侯之義不

春秋公羊傳讞

得專封也諸侯之義不得專封則其曰實與之何上無天子下無方伯天下諸侯有相滅亡者力能救之則救之可也

救仁人之用心也未有不善者而公羊穀梁皆以此先次後救為不及事見貶蓋後見邢遷誤以邢為亡爾邢遷於夷儀此以自遷為文非滅也蓋畏狄雖有三國之援而不敢自以為安故遷而遠之三國於是為之城則何以見邢之亡哉雍榆晉已

被伐叔孫受命往救固不得不先書救而次云者必有為之謀者也聶北在邢本未有難而三國出師以為之備則次自應在前狄知邢之有援而不敢犯然後見救之功則救自應為後事也至於邢滅為齊桓公諱其妄尤可知矣　此例施之於城楚丘則可邢固未嘗亡不得為專封也傳不能了次之義但見事有先後故為君臣之說以雍榆為臣救待通君命則次後救以此為君救不復通命

故次先救然經書臣救者多矣豈嘗皆言次哉

夏六月邢遷於夷儀（于陳）左氏作夷儀公羊作陳儀

遷者何其意也遷之者何非其意也

遷者自遷之辭 遷之者人遷之辭但以是為辨尒不論其意非其意也蔡遷於州來本迫於吳至弑公子駟哭而遷墓是豈其意者而亦書遷乎

齊師宋師曹師城邢

此一事也曷為復言齊師宋師曹師 不復言師則無

以知其為一事也

前以不果於救而邢自遷故三國復以師共城之救在春城在夏正二事非一事也

冬十月壬午公子友帥師敗莒師於犂獲莒挐

莒挐者何莒大夫也莒無大夫此何以書大季子之獲也

此莒挐死於敵之辭非為季子言何大之有其失畧與左氏同誤以莒無大夫為之辭也

春秋公羊傳詁

二年春王正月城楚丘

孰城城衛也曷為不言城衛滅也孰滅之蓋狄滅之曷為不言狄滅之為桓公諱也曷為為桓公諱上無天子下無方伯天下諸侯有相滅亡者桓公不能救則桓公恥之也然則孰城之桓公城之曷為不言桓公城之不與諸侯專封也曷為不與實與而文不與文曷為不與諸侯之義不得專封諸侯之義不得專封則其曰實與之何上無天子下無方伯天下諸侯

有相滅亡者力能救之則救之可也

詩序言狄人滅衛此傳例所謂君死於位曰滅者為懿公言也狄人殺懿公而去未嘗有其地戴公文公得以復興故經書狄入衛而已安得謂之滅乎所謂專封者非衛自遷小白與我遷之故諱不言城衛而言城楚丘此則實與而文不與也傳乃曰小白城之據左氏齊侯以衛之遺民益之以共滕之民而立戴公使公子無虧戍之者曹也曰封

衛於楚丘者曹不能自立故齊以楚丘封文公而遷之使我城焉是故以自城為文遷之者齊也城之者我也小白何與乎

虞師晉師滅夏陽

虞微國也曷為序乎大國之上使虞首惡也曷為使虞首惡虞受賂假滅國者道以取亡焉其受賂柰何獻公朝諸大夫而問焉曰寡人夜者寢而不寐其意也何諸大夫有進對者曰寢不安與其諸侍御有不

在側者與獻公不應荀息進曰虞虢（郭音虢又如字）見與獻公揖而進之遂與之入而謀曰吾欲攻虢（郭）則虞救之攻虞則虢（郭）救之如之何願與子慮之荀息對曰君若用臣之謀則今日取虢（郭）而明日取虞爾君何憂焉獻公曰然則奈何荀息曰請以屈産之乘與垂棘之白璧往必可得也則寶出之内藏〻之外府馬出之内廐繫之外廐爾君何喪焉獻公曰諾雖然宮之奇存焉如之何荀息曰宮之奇知則知矣雖然虞公貪而好寶見

寶必不從其言請終以往於是終以往虞公見寶許
諾宮之奇果諫記曰脣亡則齒寒虞虢(郭)之相救非相
為賜則晉今日取虢(郭)而明日虞從而亡爾君請勿許
也虞公不從其言終假之道以取虢(郭)還四年反取虞
虞公抱寶牽馬而至荀息見曰臣之謀何如獻公曰
子之謀則已行矣寶則吾寶也雖然吾馬之齒亦已
長矣蓋戲之也夏陽者何虢(郭)之邑也曷為不繫於虢(虢郭)
國之也曷為國之君存焉爾

據左氏虢亡夏陽虢公猶存後二年晉復假道於虞以伐虢虢於是始亡則夏陽不得言君存也滅之義穀梁所謂滅夏陽而虞虢舉者是也

秋九月齊侯宋公江人黄人盟於貫澤

江人黄人者何遠國之辭也遠國至矣則中國曷為獨言齊宋至爾大國言齊宋遠國言江黄則以其為莫敢不至也

經於會盟征伐諸侯無不盡序未有畧去餘國以

為義者即此欲見大國遠國則與陽穀之會言齊
侯宋公江人黄人何辨哉齊主盟者也乃與宋平
稱大國其妄可見矣
三年
徐人取舒
其言取之何易也
取非易辭取附庸之辭也舒蓋附庸之國
六月雨

其言六月雨何上雨而不甚也

非也爲僖公志爾經未見不甚之意

秋齊侯宋公江人黄人會於陽穀

此大會也曷爲末言爾桓公曰無障谷無貯粟無易樹子無以妾爲妻

末言者何休謂不言盟也若本無盟經自不得書非畧之而不言也若實有盟是諸侯待盟而後信經亦安得以爲不必盟而不言乎於義兩無當矣

春秋公羊傳讀

四年春

遂伐楚次於陘

其言次於陘何有俟也孰俟俟屈完也

次者小白方修霸主之義問楚之罪以待其服與否而不遽進也楚自以屈完來覘師而為之從違故屈完知其不可拒即我以盟是豈能預知屈完之來而俟之乎

夏許男新臣卒

楚屈完來盟於師盟於召陵

屈完者何楚大夫也何以不稱使尊屈完也曷為尊屈完以當桓公也其言盟於師盟於召陵何師在召陵也師在召陵則曷為再言盟喜服楚也何言乎喜服楚楚有王者則後服無王者則先叛夷狄也而亟病中國南夷與北狄交中國不絕若綫桓公救中國而攘夷狄卒帖荊以此為王者之事也其言來何與桓為主也前此者有事矣後此者有事矣則曷為獨

於此焉與桓公爲主序績也

楚使屈完來覘師不使屈完來受盟盟者屈完之爲非楚子所使也大夫不得敵君今乃尊夷狄之臣以當霸主豈春秋之義哉　盟於師者陘之師此屈完之請盟也盟於召陵者即召陵以盟此小白與之盟也不先言來盟無以見屈完欲盟之意自當兩書何喜之云

八月公至自伐楚

楚已服矣何以致伐楚叛盟也

此致其本事者也楚雖服歸 可以不致伐乎蓋傳例誤謂不得意則致伐而此致伐故强謂楚叛盟為不得意以實其說妄也

五年春

杞伯姬來朝其子

其言來朝其子何内辭也與其子俱來朝也

言與其子俱來者是也言内辭者非也使不以内

春秋公羊傳讞

言可舍伯姬而云杞侯使其子來朝乎

鄭伯逃歸不盟

其言逃歸不盟者何不可使盟也不可使盟則其言逃歸何魯子曰蓋不以寡犯衆也

前會鄭伯在焉今再盟不目諸侯而鄭伯不與故別出逃歸見鄭伯不告而竊去也左氏言之詳矣而傳末之知若實不逃以其有二心不肯盟而謂之逃乃與鄭啓自齊逃來同是加之辭也魯子之

言陋矣

冬晉人執虞公、

虞已滅矣其言執之何不與滅也曷為不與滅滅者
亡國之善辭也滅者上下之同力者也
虞不言滅其義已見於滅夏陽今實滅虞故但言
所執者虞公而已非有愛於滅之名而不虞也若
欲見虞公不死於敵書晉人滅虞執虞公以歸豈
不益明哉

春秋公羊傳讀

六年

夏公會齊侯宋公陳侯衛侯曹伯伐鄭圍新城

邑不言圍此其言圍何彊也

前長葛伐而言圍見後取也今新城雖非取然不先言伐無以見討鄭伯逃盟之罪故不直言圍二事同文而異義傳皆以彊言之蓋不知新城之所以圍爾

八年春

鄭伯乞盟

乞盟者何處其所而請與也其處其所而請與奈何

蓋酌之也

此洮之盟也左氏穀梁載經文皆曰公會王人齊侯宋公衛侯許男曹伯陳世子款而不及鄭惟公羊有鄭世子華以經考之鄭伯自逃首止之盟明年諸侯圍新城以討之又明年諸侯盟於甯毋而鄭世子華在焉蓋鄭畏討而以其世子會然鄭伯

身猶未至也故明年又為洮之會鄭伯始懼而乞盟夫盟一而已若鄭伯居其國而欲挹牲血以為盟則不必使世子來若如甯毋以其世子代盟是亦盟矣則何用更乞今世子在盟鄭伯又自乞盟是為兩盟諸侯未有一會而為兩盟者正使鄭伯為之是猶未盡服從中國小白亦安得遂酌與之乎經文當如左氏穀梁公羊蓋不知鄭世子為行文而妄為之說乞盟猶乞師得不得未可知之辭

鄭伯乞而小白許之所以明年得與葵丘之會此可以推見也

秋七月禘於大廟用致夫人

用者何用者不宜用也致者何致者不宜致也禘用致夫人非禮也夫人何以不稱姜氏貶曷為貶譏以妾為妻也其言以妾為妻奈何蓋脅於齊媵女之先至者也

僖公無娶夫人文至十一年始見公及夫人姜氏

春秋公羊傳讀

會齊侯於陽穀此聲姜也其娶蓋在即位之前矣今傳以為齊於齊媵女之先至者以妾為妻而何休又謂僖公本聘楚女齊先致其媵齊僖公使用為嫡不知其何據且亦安得謂之致夫人乎禮有致女無致夫人致女蓋女嫁舅姑後三月廟見父母使人聘之之辭亦不得施於此何休以致女言之尤非是時小白方攘夷狄以尊中國故鄭伯以附楚逃盟致討僖公何敢遽與楚為好而圖婚陽

穀之會傳固載其辭曰無以妾爲妻豈小白以是令諸侯反自犯其其禁先致其女而還魯哉亦不足以服楚矣

九年春王三月丁丑宋公禦說卒

何以不書葬爲襄公諱也

凡諸侯卒而不葬者皆爲魯不往會故不書爾今爲襄公諱背殯出會而使禦說不見葬此何理哉

僖二十八年六月陳侯款卒冬公會晉侯齊侯宋

公蔡侯鄭伯陳子莒子邾子秦人於溫陳共公亦背殯出會而歃不書葬此亦豈為共公諱乎

九月戊辰諸侯盟於葵丘

桓之盟不日此何以日危之也何危爾貫澤之會桓公有憂中國之心不召而至者江人黃人也葵丘之會桓公震而矜之叛者九國震之者何猶曰振振然矜之者何猶曰莫若我也

據孟子小白之會莫盛於葵邱故曰諸侯束牲載

書而不歃血今以為叛者九國與孟子正相反且小白之會不過宋衛陳鄭與曹許與魯七國雖首戴亦然今但陳不至爾江黃蓋不以為常也則九國者誰乎此蓋拘於小白盟不日之弊也

十年

晉殺其大夫里克

里克弑二君則曷為不以討賊之辭言之惠公之大夫也然則孰立惠公里克也里克弑奚齊卓子逆惠

春秋公羊傳讞

公而入里克立惠公則惠公曷為殺之惠公曰爾既殺夫二孺子矣又將圖寡人為爾君者不亦病乎於是殺之然則曷為不言惠公之入晉之不言出入者踊為文公諱也齊小白入於齊則曷為不為桓公諱桓公之享國也長美見乎天下故不為之諱本惡也文公之享國也短美未見乎天下故為之諱本惡也

所謂惠公之大夫者言惠公為其所立而與之為大夫也然傳惠公曷為殺之惠公曰爾既殺夫二

孺子矣又將圖寡人為爾君者不亦病乎於是殺之則惠公雖與之為大夫亦固以弒君之罪正之矣曷為不可以討賊事書之乎經凡大夫弒君而不討賊書者二晉里克也衛甯喜也里克之志在文公甯喜之志在獻公謂之弒君則可謂之弒君之賊則不可故經正其弒之名於前而原其殺之義於後且惠公獻公亦與聞乎弒者不得獨以討克與喜也若里克義在當以賊討豈可以惠公為其

所立而不正其討之名哉　春秋諸侯出入不見於經者多矣不可皆以為義蓋在告不告而已必言為文公諱則鄭突再入與子亹子儀之入孰諱而不書乎此傳拘於為賢者諱之弊也所謂桓享國長美見乎天下而不諱者亦非是夫既以功掩過則凡過皆不足言不特本惡而已傳又何以切切然為之諱哉

十有四年春諸侯城緣陵

孰城之城杞也曷為城杞滅也孰滅之盖徐莒脅之

曷為不言徐莒脅之為桓公諱也

前城楚丘以狄入衛為狄滅衛謂之為小白諱猶

云可也今言徐莒脅之則非滅審矣亦以小白為

言何哉蔽於其說之弊有至於此者按左氏載之

會為淮夷病杞則非徐莒之故是以明年楚人伐

徐而公孫敖及諸侯之大夫救之若其脅杞使至

於還〔遷〕方將討之不暇又何救之云乎傳之妄可知

春秋公羊傳讝

矣

戊午十二月十九日校

春秋公羊傳讝卷三

春秋公羊傳讞 卷四至卷六全

春秋公羊傳讞

宋　葉夢得　撰

卷四

文公

元年春

天王使叔服來會葬

其言來會葬何會葬禮也

會葬而得禮常事也自不應書此謂僖公以七月

葬僭天子而王以五月來會葬以王之正見魯之不正也尚安得為禮乎然則僖公以十二月薨文公以四月葬何以謂之僭七月經書十二月乙巳公薨杜預注十二月無乙巳蓋十一月文誤則差一月矣傳言是歲閏三月自十一月至四月則七月矣以月計者舉閏閏月葬齊景公是也魯僭諸公固有或過或不及然未有七月而葬春秋是以記也

天王使毛伯來錫公命

錫者何賜也命者何加我服也

非也説已見錫桓公命

二年春

三月乙巳及晉處父盟

此晉陽處父也何以不氏諱與大夫盟也

諱與大夫盟則沒公固已見矣處父不氏自當從

未三命例

四年

夏逆婦姜于齊

其謂之逆婦姜于齊何略之也高子曰娶乎大夫者略之也

公自逆也說已見左氏先書公子遂如齊納幣豈有娶於大夫而以上卿納幣乎

五年春王正月王使榮叔歸含且賵

含者何口實也其言歸含且賵何兼之兼之非禮也

非也說已見左氏妾毋而含賵尚何論其兼乎

九年

冬楚子使椒來聘

椒者何楚大夫也楚無大夫此何以書始有大夫也

始有大夫則何以不氏許夷狄者不一而足也

傳於城濮之戰言得臣以大夫不敵君而稱人則楚固有大夫矣今又於椒為始有大夫則得臣非大夫乎蓋其以不氏起問則謂椒為當氏者以許

之不一而足故未與之氏爾是傳之意終以命大夫得氏而後為大夫復與其言得臣者異矣所以舉楚無大夫為言此皆不知周禮是以迷而弗悟旋得而旋失之也

秦人來歸僖公成風之襚

其言僖公成風何兼之兼之非禮也曷為不言及成風成風尊也

非也說已見左氏

十有一年

冬十月甲午叔孫得臣敗狄于鹹

狄者何長狄也兄弟三人一者之齊一者之魯一者之晉其之齊者王子成父殺之其之魯者叔孫得臣殺之則未知其之晉者也其言敗何大之也其曰何大之也其地何大之也何以書記異也

非也說已見左氏

十有二年春王正月盛伯來奔

春秋公羊傳讞

盛伯者何失地之君也何以不名兄弟辭也

非也吾前言之矣

二月庚子子叔姬卒

此未適人何以卒許嫁矣婦人許嫁字而笄之死則以成人之喪治之其稱子何貴也其貴奈何母弟也凡姑姊妹稱字有兄弟而言泰伯仲雍兄弟以字為次也至今公之子則加子子繫父之稱所以別姑姊妹也禮或謂之女子子子叔姬不得言公之

母弟公之子也

十有三年

世室屋壞

世室者何魯公之廟也周公稱大廟魯公稱世室群公稱宮此魯公之廟也曷為謂之世室世室猶世室也世世不毀也周公何以稱大廟於魯封魯公以為周公也周公拜乎前魯公拜乎後曰生以養周公死以為周公主然則周公之魯乎曰不之魯也封魯公

春秋公羊傳讞

以為周公主然則周公曷為不之魯欲天下之一乎周也魯祭周公何以為牲周公用白牲魯公用騂犅羣公不毛魯祭周公何以為盛周公盛魯公燾羣公廩世室屋壞何以書譏何譏爾久不脩也

經書大室公羊以為世室固不同矣世室本非宗廟之正名公羊謂周公稱大廟魯公稱世室羣公稱宮者不知何據蓋徒見經書僖宮桓宮武宮煬宮而或者以魯公之廟為文世室武公之廟為武

世室故妾推之此乃魯人以為賜天子之禮亦存伯禽武公敖（廟）以僭周文武二祧而不毀因謂之世室而明堂位誤載之本不通于春秋不知太室月太廟之室見于書王入大室祼者是以習其所聞而弗悟也

十有四年

冬單伯如齊齊人執單伯齊人執子叔姬

執者曷為或稱行人或不稱行人稱行人而執者以

其事執也不稱行人而執者以已執也單伯之罪何道淫也惡乎淫淫乎子叔姬然則曷爲不言齊人執單伯及子叔姬内辭也使若異罪然

單伯叔姬之執當如左氏所言傳蓋未知之也但見其相繼並執故意之云爾如傳所言其罪在既歸之後則方其來迎女經安得不知常法書子叔姬歸于齊以理推之子叔姬之嫁當在文公即位之先此所以不見經宜公羊疑之也

十有五年

齊人歸公孫敖之喪

何以不言來内辭也脅我而歸之筍將而來也

據左氏齊人或為孟氏謀曰魯爾親也飾棺置諸堂阜魯必取之孟氏從其言卞人以告惠叔以毀請公乃許而取之則非齊人將之以至也歸之而已所以不言來非内辭也言脅我而歸之者幾近矣以為筍將而來者亦非是敖出奔然既從莒女

又有子矣其卒至是已久豈不能以棺斂乎

晉郤缺帥師伐蔡戊申入蔡

入不言伐此其言伐何至之日也其日何至之日也

莊二十八年書甲寅齊人伐衛衛人及齊人戰衛人敗績傳曰伐不日此何以日至之日也戰不言伐此其言伐何至之日也蓋伐不待其服罪以至之日便戰故以伐見戰今言郤缺伐蔡戊申入蔡戊申在中則何以知其為伐之蔡日而同以見伐

為例哉是蓋伐蔡與入蔡同日不可曰郤缺師師伐蔡入蔡嫌其為伐蔡而後入蔡不見同日之罪故移戊申以連上文猶言及鄭師伐宋丁未戰于宋則伐宋亦丁未之日也嫌其與鄭戰故移而繫於伐傳言至之日則是而與衛齊之戰同辭則不類

十有二月齊人來歸子叔姬

其言來何閔之也此有罪何閔爾父母之於子雖有

春秋公羊傳讀

罪猶若其不欲服罪然

傳例直來曰來大歸曰來此常法也今何以忽謂之閔之乎凡内女嫁被出非自歸也必有送之者矣以其有罪故以自歸為文直曰來杞伯姬杞叔姬是也惟子叔姬以無罪故挈齊人以齊人歸之為文此其義在稱齊人不在稱來傳以來起閔非矣

齊侯侵我西鄙遂伐曹入其郛

郛者何恢郭也入郛書乎曰不書入郛不書此何以書動我也動我者何内辭也其實我動焉爾入郛者入其外城但未入其中城爾圍於外又入其郛安得不書乎曹雖我之鄰此已自侵我而去矣何與於我以為我動而書者妄也

十有六年

冬十有一月宋人弒其君處臼

弒君者曷為或稱名氏或不稱名氏大夫弒君稱名

春秋公羊傳讞

氏賤者窮諸人大夫相殺稱人賤者窮諸盜

公羊云弒君者曷為或稱名氏或不稱名氏此非所以起問也故其例遂誤以為大夫弒君稱名氏賤者窮諸人夫大夫固有三命稱名氏再命稱名而不氏者安得槩以名氏書乎此蓋傳為當國之論有不氏公子者其說自不可通使大夫而弒君豈有當國者乎大夫相殺稱人於經未之見而下相殺自不志于經其特書者皆有為也未嘗不著名

名氏若稱人以殺大夫者此衆殺大夫有罪之辭非大夫之相殺也而微者之殺大夫不可以復稱人故變文而稱盜此非降于人之稱嫌于人之稱也傳意乃以爲殺大夫皆降於其君以書者妄也

宣公

元年

晉放其大夫胥甲父于衛

放之者何猶曰無去是云爾然則何言爾近正也此

春秋公羊傳讀

其為近正奈何古者大夫已去三年待放君放之非也大夫待放正也古者臣有大喪則君三年不呼其門已練可以弁冕服金革之事君使之非也臣行之禮也閔子要絰而服事既而曰若此乎古之道不即人心退而致仕孔子蓋善之也

放有二有君放有大夫待放傳一之非也君放者大夫有罪不出奔而聽命於君君宥之於遠者也所謂無去是云爾者是也大夫待放者大夫三諫

不從則去亦聽命於君賜之環則還賜之玦則決者也所謂以道去其君者是也胥甲父盖討令狐之戰不用命者此君放之者也不得為非正乃其放之當罪不當罪則經自以國放人放別之也

冬晉趙穿帥師侵柳

柳者何天子之邑也曷為不繫乎周不與伐天子也

柳左氏穀梁皆作崇當從二氏崇秦之與國也趙穿審伐天子自當有異文見貶何但不以柳繫周

春秋公羊傳讞

而已乎趙穿書名氏此自常法非貶文也此亦傳不見其事而妄信其傳之誤也

四年春王正月公及齊侯平莒及郯莒人不肯公伐莒取向

此平莒也其言不肯何辭取向也

據左氏莒郯有怨公與齊欲平之莒人不從公怒伐而取其邑則莒人不肯安得前見取向以為辭乎度傳意似謂公平莒欲取向以為賂莒人所以

不肯故經以是為之辭何休以為恥行義為利故諱使若莒不肯聽公平伐取其邑以弱之若是則莒實義不可從而反若不能服義公實以不義為利反若能以義平人其亦顛倒是非之實也

五年

冬齊高固及子叔姬來

何言乎高固之來言叔姬之來而不言高固之來則不可子公羊子曰其諸為其雙雙而俱至者與

此但見高固不當與子叔姬同歸寧故賓書以見賤也何足以起問而以高固不可不言為義乎

六年春晉趙盾衛孫免侵陳

趙盾弒君此其復見何親弒君者趙穿也

宋萬弒其君捷復書宋萬出奔陳大夫弒君未嘗不復見也宋督鄭歸生齊崔杼適無可以再見爾而傳獨違例以起問若然則宋萬亦豈不親弒君而加之弒者乎

八年

仲遂卒于垂

仲遂者何公子遂也何以不稱公子貶曷為貶為弒子赤貶然則曷為其不於弒焉貶於文則無罪於子則無年

仲族也非字吾已見於季友卒矣公子翬公子慶父公子遂皆弒君者慶父又弒兩君而翬與慶父經皆無貶文非於隱與閔為無罪桓與僖為無年

也何為亦不貶乎其惡不待貶絕而自見也公羊但見仲遂不言公子故以公子季友例推之以為貶然公羊以季為字而賢之遂既以貶而去公子何為亦得字乎等於稱字一以為賢一以為貶其亦顛謬而弗之悟也

九年

秋取根牟

根牟者何邾婁之邑也曷為不繫乎邾婁諱亟也

自入宣公未嘗取邾邑若以文公取須句此自異
世不得通以為惡何亟而諱乎其妄可知杜預謂
根牟為東方之國近之而非是以取鄟例言當為
附庸之國也

辛酉晉侯黑臀卒于扈

扈者何晉之邑也諸侯卒其封内不地此何以地卒
于會故地也未出其地故不與〔言〕會也

經于九月月晉侯會于扈矣又間有荀林父伐陳

之事再見辛酉晉侯黑臀卒則非卒于會也諸侯既散晉侯以疾留而卒扈邑據杜預鄭地非晉地凡諸侯卒于境內不地許男新臣卒是也卒于境外地鄭伯髡原卒于鄵是也此豈以會言哉

十年春公如齊公至自齊齊人歸我濟西田

齊已取之矣其言我何言我者未絕於我也曷為未絕於我齊已言取之矣其實未之齊也

於文無未之齊之意若齊未取則前不得言取言

我者正以責賂齊之義非傳之所知也

秋天王使王季子來聘

王季子者何天子之大夫也其稱王季子何貴也其貴柰何母弟也

季子曰王繫父之稱非繫兄之稱當為定王之子據齊侯使其弟年來聘傳以為母弟稱弟則季子誠王之弟何不曰天王使其弟某來聘乎

十有一年

冬十月楚人殺陳夏徵舒

此楚子也其稱人何貶曷為貶不與外討也不與外討者因其討乎外而不與也雖內討亦不與也曷為不與實與而文不與文曷為不與諸侯之義不得專討也諸侯之義不得專討則其曰實與之何上無天子下無方伯天下諸侯有為無道者臣弒君子弒父力能討之則討之可也

衛人殺州吁傳曰其稱人何討賊之辭也至蔡人

殺陳佗則不以為例而謂之絕蓋傳疑不得外討故為之說而附會佗以外淫之事以為蔡人地故今復以書楚人為貶楚子凡經書殺弒君賊者三而傳妄別之為三例不知其為與之討賊者內外本一辭也何以知之陳恒弒其君孔子沐浴告於朝請討之夫齊弒其君而請討其魯孰謂其不與外討哉弒君之罪孰大於外淫舍弒罪而罪外淫其輕重亦不倫矣然則蔡人楚人者固當與衛人

之辭一施之也

丁亥楚子入陳納公孫甯儀行父于陳

此皆大夫也其言納何納公黨與也

公伐齊納糾傳曰納入辭也齊小白入于齊傳曰入者篡辭也是以納與入爲篡辭同一例今以大夫起問納者謂經無大夫而言納者也然則以爲納者豈篡辭哉正使公在爲徵舒所逐而納尚不得言篡況納公黨乎何休以爲公孫甯儀行父如

楚詐徵舒徵舒之黨從後絕其位楚為討徵舒而
納之美楚能悔過以遂前功若然以辭傳辭可也
而非公羊之意

十有二年

夏六月乙卯晉荀林父帥師及楚子戰于邲晉師敗績

大夫不敵君此其稱名氏以敵楚子何不與晉而與
楚子為禮也

城濮之戰子玉得臣主兵傳曰其稱人何大夫不

敵君也今復以大夫不敵君起問而以林父見名氏為不與晉而與楚子為禮則是大夫當稱人而以見名氏為貶其言豈不自相伐哉若謂大夫不稱名氏惡楚而欲以林父敵之故特稱名氏則可以謂不與楚之辭非不與晉之辭也

十有五年

夏五月宋人及楚人平

外平不書此何以書大其平乎已也何大其平乎已

莊王圍宋軍有七日之糧爾盡此不勝將去而歸爾
於是使司馬子反乘堙而闚宋城宋華元亦乘堙而
出見之司馬子反曰子之國何如華元曰憊矣曰何
如曰易子而食之析骸而炊之司馬子反曰嘻甚矣
憊雖然吾聞之也圍者柑馬而秣之使肥者應客是
何子之情也華元曰吾聞之君子見人之戹則矜之
小人見人之戹則幸之吾見子之君子也是以告情
於子也司馬子反曰諾勉之矣吾軍亦有七日之糧

爾盡此不勝將去而歸爾揖而去之反于莊王莊王曰何如司馬子反曰憊矣曰何如曰易子而食之析骸而炊之莊王曰嘻甚矣憊雖然吾今取此然後而歸爾司馬子反曰不可臣已告之矣軍有七月之糧爾莊王怒曰吾使子往視之子曷為告之司馬子反曰以區區之宋猶有不欺人之臣可以楚而無乎是以告之也莊王曰諾舍而止雖然吾猶取此然後歸爾司馬子反曰然則君請處于此臣請歸爾莊王曰

子去我而歸吾孰與處于此吾亦從子而歸爾引師
而去之故君子大其平乎已也此皆大夫也其稱人
何貶何為貶平者在下也

齊高子來盟楚屈完來盟于師非不善矣經猶以
制在二人而不與之使今莊王使子反闚宋城而
遽以情告華元劫君而與之俱歸經反大之乎人
臣未見有已而能忠君者也然則宋楚之所以得
書者宋故人爾不以二人專君為美也

春秋公羊傳說

六月癸卯晉師滅赤狄潞氏以潞子嬰兒歸

潞何以稱子潞子之為善也躬足以亡爾雖然君子不可不記也離于夷狄而未能合于中國晉師伐之中國不救狄人不有是以亡也

傳意拘於國不若氏氏不若名名不若字字不若子之例故前見潞稱潞氏謂之進今見稱潞子謂之又進故以為潞子之為善也躬足以亡爾求其說而不得則以為其說在于未能合乎中國而已

是未嘗見潞子之賓徒以其自為例者意之也據左氏見潞自以五罪見伐何善之有乎潞氏其國號吾固言之矣子者自夷狄之爵所當稱者也有爵者則以爵通無爵者則不以爵通故甲氏不言子不然甲氏又何善而得氏乎

王札子殺召伯毛伯

王札子何長庶之號也

非也說已見左氏

初稅畝、

初者何始也稅畝者何履畝而稅也初稅畝何以書譏何譏爾譏始履畝而稅也何譏乎始履畝、而稅古者什一而藉古者曷為什一而藉什一者曰天下之中正也多乎什一大桀小桀寡乎什一大貉小貉什一者天下之中正也什一行而頌聲作矣

傳言藉則是已未知稅畝之義也古者有貢有藉周蓋兼行之稅即貢也藉者取井田之名所謂八家

為井借其力以治公田者也稅者取國中使人所治田之名所謂國中什一使自賦者也藉取九一稅取什一言什一而藉者誤也此蓋既藉矣又取國中之稅而畝加之其為法自是始故哀公曰二吾猶不足非謂以稅易藉也

冬蝝生

未有言蝝生者此其言蝝生何蝝生不書此何以書幸之也幸之者何猶曰受之云爾受之云爾者何上

春秋公羊傳讞

變古易常應是而有天災其諸則宜於此焉變矣
幸之者其義與左氏異以為宣公能知履畝而稅
之失以致 天災故悔而改明年遂致大有年故曰
受之云爾以為幸天之譴告以自知罪也若然則
履畝之法蓋變矣又何以言初哉此乃附會上下
兩事之誤經書災異蓋未嘗言所以然所以應傳
為此辭所以起漢儒言災異者誣天罔人之弊也

十有六年

夏成周宣榭灾

成周者何東周也宣榭者何宣宫之榭也何言乎成周宣榭灾樂器藏焉爾成周宣榭灾何以書記灾也外灾不書此何以書新周也

廟無室曰榭非藏樂器者也外灾不書甚灾則書宋灾書二王也陳灾書三恪也何周而不書乎其曰新周妄也吾嘗言之矣

春秋公羊傳讞卷四

春秋公羊傳讞

宋　葉夢得　撰

卷五

成公

元年春

三月作丘甲

何以書譏何譏爾譏始丘使也

作丘甲者謂不以甸出甲士而使丘出甲士也蓋

古者謂甲士皆曰甲故趙鞅言晉陽之甲尉止言西宮之甲作者時起而用之不以為常猶周官黨正言凡作民而師田行役則以其法治其政事之類者是也此云丘使莫知其所謂何休附會穀梁之說以謂使丘民作鎧若爾文當云丘作甲不得云作丘甲也丘既作甲則下之包井與邑上之包縣與都丘皆在其閒何不直言井作甲而中舉丘乎先王丘甸之法不可見世皆以司馬法準之自

甸而下所出者牛馬而已至甸而後出甲士步卒今起於丘故譏杜預言之是矣公羊之意或同此故言丘使者若役其人之謂而何休不能了也

秋王師敗績於貿戎

孰敗之蓋晉敗之或曰貿戎敗之然則曷爲不言晉敗之王者無敵莫敢當也

春秋狄中國者有矣然未嘗沒其中國之名晉而謂之貿戎縱失戎罪而加晉以未嘗爲之惡非獨

亂名而已賞罰如是可乎

二年

六月癸酉季孫行父臧孫許叔孫僑如公孫嬰齊帥師會晉郤克衛孫良夫曹公子手及齊侯戰於鞌齊師敗績

曹無大夫公子手何以書憂內也

曹無大夫吾嘗言其非矣憂內者謂魯以四卿皆出春秋憂其內空故公子手見曹無大夫今亦以

大夫出以解免魯之罪意與穀梁言與言舉者略同其辭盖誕矣此其自為説之弊也何休妄以王魯言之不惟不可訓亦非傳本意

秋七月齊侯使國佐如師己酉及國佐盟于袁婁

君不使乎大夫此其行使乎大夫何佚獲也其佚獲奈何師還齊侯晉郤克投戟逡巡再拜稽首馬前逢丑父者頃公之車右也面目與頃公相似衣服與頃公相似代頃公當左使頃公取飲頃公操飲而至曰

春秋公羊傳讀

草取清者頃公用是佚而不反逢丑父曰賴吾社稷之神靈吾君已免矣郤克曰欺三軍者其法奈何曰法斮於是斮逢丑父

齊侯以六月敗國佐以七月來此齊侯敗而遁歸諸侯之師追至於袁婁故遣國佐如師自當言使不為佚獲起也君不使乎大夫尊不敵也今言師不言郤克猶趙盾而言諸侯會晉師於棐林稱使固不嫌嘗在以佚獲賤之手佚獲之事穀梁不言

惟左氏公羊載之周未足據穀梁不為義可見其非經義何休乃以魯無君高子來盟不言使為比若是則楚屈完來盟於師亦齊無君乎

十有一月

丙申公及楚人秦人宋人陳人衛人鄭人齊人曹人邾婁人薛人鄫人盟於蜀

此楚公子嬰齊也其稱人何得壹貶焉爾

前會見公子嬰齊以公欲之故不没公以見貶今

春秋公羊傳讀

人嬰齊而自秦以下諸侯之大夫皆人者以見盟
出於嬰齊疾其夷狄專中國公與諸侯之大夫以
靡然從之故皆降而稱人則公亦人也此其貶不
獨在嬰齊以為得一貶焉嬰齊之罪前未有見若
之何獨於此而貶自秦以下稱人者皆微者乎

三年

秋叔孫僑如帥師圍棘

棘者何汶陽之不服邑也其言圍之何不聽也

非也說已見左氏

冬十有一月晉侯使荀庚來聘衛侯使孫良夫來聘丙午及荀庚盟丁未及孫良夫盟

此聘也其言盟何聘而言盟者尋舊盟也

傳例一事而再見者卒名之則非一事而再見者自當如常文內大夫舉氏外大夫舉國故雞澤之盟先書陳侯使袁僑如會再書戊寅叔孫豹及諸侯之大夫及陳袁僑盟會與盟雖若一事然卒之

有會而不盟者則會與盟終二事也故袁僑猶再見齊侯使國佐如師及國佐盟於袁婁如師與盟亦二事而國佐不再見齊者以制在國佐而貶其專也荀庚孫良夫若各以其君命來聘因以尋盟則當如陳袁僑再書晉荀庚衛孫良夫矣今不書而與國佐同則非尋盟也並無專盟也

五年

梁山崩

梁山者何河上之山也梁山崩何以書記異也何異爾大也何大爾梁山崩壅河三日不流外異不書此何以書為天下記異也

說已見沙鹿崩案左公穀三傳皆無此讖蓋原文已佚

六年春

取鄟

鄟者何邾婁之邑也曷為不繫於邾婁諱亟也

非也說如取根牟杜預言附庸國者是也

春秋公羊傳讞

八年春晉侯使韓穿來言汶陽之田歸之于齊

來言者何内辭也脅我使我歸之也曷為使我歸之鞌之戰齊師大敗齊侯歸弔死視疾七年不飲酒不食肉晉侯聞之曰嘻奈何使人之君七年不飲酒不食肉請皆反其所取侵地

據左氏齊自鞌之敗復朝晉而事之蟲牢之盟再與會焉此晉所以使我復歸其田也齊頃公固非齊之賢君審如傳言雖勾踐不能過齊可以霸矣

何其不少見乎

夏宋公使公孫壽來納幣

納幣不書此何以書録伯姬也

此與紀裂繻母命之已命之各因事一見正伯姬雖賢後以謚書共姬葬之足矣何自納幣録而不已乎婚姻之道定於納幣而成於逆女二者皆常禮不書書歸而已必有見焉然後隨其事而著之故有納幣而不言逆女者有言逆女而不納幣者

有納幣逆女並言者不可以為常此但見其始正故於納幣示之若逆女則此已見自不必再書也

衛人來媵

媵不書此何以書錄伯姬也

傳固云天子一娶九女宋二王後得修其禮物與天子同則媵亦當三此經所以記三國來媵之為得正也言錄伯姬其失與前同

九年春王正月杞伯來逆叔姬之喪以歸

杞伯曷為來逆叔姬之喪以歸内辭也脅而歸之也
傳以此為内辭蓋與言來歸子叔姬者同意夫逆
喪而不以大夫來則使魯自歸之乎何内辭之云

夏季孫行父如宋致女

未有言致女者此其言致女何録伯姬也
致女者父母没三月廟見成之為婦也説已見穀
梁言録伯姬其失與前同

十年

齊人來媵

媵不書此何以書録伯姬也三國來媵非禮也曷為皆以録伯姬之辭言之婦人以衆多為侈也

衛人來媵晉人來媵齊人來媵公羊皆以為録伯姬至齊人來媵則曰三國來媵非禮也蓋公羊於公子結媵陳人之婦言諸侯娶一國則二國往媵之故以三國為過不知宋二王之後也微子之命曰統承先王修其禮物作賓於王家孔氏言二王

之後各修其典禮正朔服色與時王並則二王後皆用天子禮樂矣故曰杞之郊也禹也宋之郊也契也是天子之事守也三國媵豈非以天子三夫人制歟禮世婦獻繭於夫人夫人副褘而受之與祭祀夫人副褘立於房中副褘王后之服也先儒皆以為二王後之夫人從王后之制則媵亦宜備三夫人之數矣且伯姬之死固賢孰與孔父仇牧人之死其君然孔父仇牧止得一見不應伯姬自

納幣至致女三媵及葬累書而不已此蓋不知求之於宋是以愈迷而弗悟也

十有二年春周公出奔晉

周公者何天子之三公也王無外此其言出何自其私土而出也

王大夫出奔不言出三公出奔言出三公論道經邦與王同體所與共天位者也若大夫則分職任事有司之守而已言周公則與祭公異不得言自

私土出也

十有五年春

三月乙丑仲嬰齊卒

仲嬰齊者何公孫嬰齊也公孫嬰齊則曷為謂之仲嬰齊為兄後也為兄後則曷為謂之仲嬰齊為人後者為之子也為人後者為其子則其稱仲何孫以王父字為氏也然則嬰齊孰後後歸父也歸父使於晉而未反何以後之叔仲惠伯傅子赤者也文公死子

幼公子遂謂叔仲惠伯曰君幼如之何願與子慮之
叔仲惠伯曰吾子相之老夫抱之何幼君之有公子
遂知其不可與謀退而殺叔仲惠伯弒子赤而立宣
公宣公死成公幼臧宣叔者相也君死不哭聚諸大
夫而問焉曰昔者叔仲惠伯之事孰為之諸大夫皆
雜然曰仲氏也其然乎於是遣歸父之家然後哭君
歸父使乎晉還自晉至檉聞君薨家遣墠帷哭君成
踊反命於介自是走之齊魯人徐傷歸父之無後也

於是使嬰齊後之也

此謂仲遂殺叔仲惠伯弑子赤而立宣公也罪不在歸父方歸父使於晉而未反宣叔欲正仲遂之罪當盡逐其族何獨施於歸父而存嬰齊仲之罪猶在也且是時季文子尚為政歸父去留非臧宣叔所能專據左氏歸父聘晉蓋為欲假晉去三桓以張公室未反而公薨季文子言於朝曰使我殺嫡立庶以失大援者其仲也夫臧宣叔怒曰當其

春秋公羊傳讞

時不能治也後之人何罪子欲去之許請去之遂逐東門氏若然蓋季文子怒歸父欲去已假仲遂為名而逐歸父但不當云遂東門氏爾傳蓋不知其詳而誤傳之其言遣歸父之家者則是也所謂後歸父者非後其世後其禄也大夫出奔爵禄有列於朝謂之有後爵禄無列於朝謂之無後臧紇奔邾所以據防求後於魯歸父之家既盡逐則無後其禄者故以其弟嬰齊後之嬰齊既後歸父自從

從王父字氏仲是以卒而見於經為仲嬰齊歸父字子家左氏復記子家子有子家羈別為子家氏此疑羈後歸於魯以自別於仲氏者嬰齊之後為叔仲於奚仲梁懷仲遂之孫自為東門氏

冬十有一月叔孫僑如會晉士燮齊高無咎宋華元衛孫林父鄭公子鰌邾婁人會吳於鍾離

曷為殊會吳外吳也曷為外也春秋內其國而外諸夏內諸夏而外夷狄王者欲一乎天下曷為以外內

春秋公羊傳説

之辭言之言自近者始也

殊會外吴是也但以為辨内外則淺矣夫言會則是外為志吴主之也吴楚皆荒服楚與諸侯會申以爵見而主會何獨不外楚而外吴乎申會晉與魯皆不在所以愧諸侯之在會者而見諸侯之爵猶楚子之爵也吴則魯與晉皆從也若與申同書則天下無與治吴者矣此所以會又會歟先書僑如會士燮以下見諸侯皆從晉而我會之也後書

會吳於某見乎欲為會而我與諸侯皆從之也此

非公羊之所知

十有六年

秋公會晉侯齊侯衛侯宋華元邾婁人於沙隨不見公

公至自會

不見公者何公不見見也公不見見大夫執何以致

會不恥也曷為不恥公幼也

據左氏公以叔孫僑如譖而不得見故不恥不見

春秋公羊傳讀

公而書非致會之謂也且公即位至是十六年矣不得謂之幼蓋傳自拘其得意致會之例不知僖如之事而意之爾其以致會起問者謂不當致而致也

曹伯歸自京師。

執而歸者名曹伯何以不名而不言復歸於曹何易也其易奈何公子喜時在內也公子喜時在內則何以易公子喜時者仁人也內平其國而待之外治諸

京師而免之其言自京師何言甚易也舍是無難矣

諸侯出奔名所以別二君吾嘗於左氏言之矣此曹伯負芻雖見執公子喜時不為君而逃於宋曹內無君故負芻不名與衛叔武在內不立衛侯鄭奔楚不名同也豈難易之謂哉春秋之文固有示褒貶者有別嫌疑者雖以生名為惡然出奔歸入而名者所以別嫌疑也

九月晉人執季孫行父舍之于招丘

春秋公羊傳讀

執未有言舍之者此其言舍之何仁之也曰在招丘悕矣執未有言仁之者此其言仁之何代公執也其代公執柰何前此者晉人來乞師而不與公會晉侯將執公季孫行父曰此臣之罪也於是執季孫行父成公將會厲公會不當期將執公季孫行父曰臣有罪執其君子有罪執其父此聽失之大者也今此臣之罪也舍臣之身而執臣之君吾恐聽失之為宗廟羞也於是執季孫行父

内大夫以使被執其復皆致重正卿以告廟也故文之單伯昭之季孫意如叔孫婼皆致則見其復也行父被執不以歸而舍之於招丘與公俱還當與公皆致則無以見其復矣故於其舍之書不地則不見其不至晉而歸矣故地也國君有罪而執正卿正卿得釋而書其舍此理之常然經何所怖而仁之以是姑息哉據左氏晉本無意執公請止行父而殺之者僑如之謀也則所謂將執公而行

父請代者亦未必然蓋欲成其仁之之說也

十有七年

壬申公孫嬰齊卒於貍軫

非此月日也曷為以此月日卒之待君命然後卒大夫曷為待君命然後卒大夫前此者嬰齊走之晉公會晉侯將執公嬰齊為公請公許之反為大夫歸至於貍軫而卒無君命不敢卒大夫公至曰吾固許之反為大夫然後卒之

十一月無壬申此經成而誤也杜預之言是矣凡預以長歷推經或在其月前或在其月後不可一二為義何獨嬰而云云乎且凡卒大夫以公卒之為文不以國人卒之為文也何為待君命然後卒大夫若史待君命而后敢書卒則公許之後即成之為大夫固當從嬰齊卒之日而書之也何必待公之至必公卒之然後成其為大夫則固當從公卒之之日而書也何必追其前卒之日二義皆無

當則經安用顛倒其日以迷罔後世乎然則以為嬰齊在晉而請復公者與左氏所記不同據嬰齊蓋同公於會既還道病卒於後猶仲遂卒於垂後之傳寫者或誤其日為壬申傳不能辨而妄為之辭也

襄公

元年春

仲孫蔑會晉欒黶宋華元衛甯殖曹人莒人邾婁人滕

人薛人圍宋彭城

宋華元曷為與諸侯圍宋彭城為宋誅也其為宋誅奈何魚石走之楚楚為之伐宋取彭城以封魚石魚石之罪奈何以入是為罪也楚已取之矣曷為繫之宋不與諸侯專封也

楚取彭城以居魚石非封之也不與楚之得取宋邑故繫之宋此傳所謂地從主人俄而可以為有者也豈所謂專封哉

春秋公羊傳讞

二年

己丑葬我小君齊姜

齊姜者何齊姜與繆姜則未知其為宣夫人與成夫人與

凡傳設此辭皆以傳疑猶前春秋有譏父老子代者未知其在曹與在齊與後言曹伯廬卒於師未知公子喜時從與公子負芻從與之類非以為義也而何休乃謂公服繆姜喪未踰年伐鄭有惡故

傳依違不正言者妄也

冬仲孫蔑會晉荀罃齊崔杼宋華元衛孫林父曹人邾婁人滕人薛人小邾婁人於戚遂城虎牢

虎牢者何鄭之邑也其言城之何取之也取之則曷爲不言取之爲中國諱也曷爲爲中國諱諱伐喪也曷爲不繫乎鄭爲中國諱也大夫無遂事此其言遂何歸惡乎大夫也

此荀罃以鄭數叛城虎牢以逼之使懼而聽命非

欲有其地也故不嫌於取不繫於鄭何中國之諱乎伐喪雖春秋所惡然有輕重不得以並貶鄭自是服遂爲蕭魚之會此固遂之善者安得謂之惡

三年

陳侯使袁僑如會

其言如會何後會也

如會猶如師也諸侯本不約陳會而陳侯自使袁僑請之故使大夫與之再盟非後會也後書鄭伯

髡頑如會亦然

五年

叔孫豹鄫世子巫如晉

外相如不書此何以書為叔孫豹率而與之俱也叔孫豹則曷為率而與之俱蓋舅出也莒將滅之故相與往殆乎晉也莒將滅之則曷為相與往殆乎晉取後乎莒也其取後乎莒柰何莒女有為鄫夫人者蓋欲立其出也

春秋公羊傳讞

據左氏鄫求屬於魯以為附庸者故迫於莒請盡我並使以愬於晉不正其有國不能自立而假鄰國以為重終於見滅故貶之爾如傳所言取莒之子以為後此乃鄫自絶其世非莒之罪經安得無異文而反以常法書莒滅鄫鄫立莒子則子孫皆已亡矣後亦不得再見其言皆妄當從左氏

公會晉侯宋公陳侯衛侯鄭伯曹伯莒子邾婁子滕子薛伯齊世子光吳人鄫人於戚

吴何以稱人吴鄫人云則不辭

　吴以國稱者君也以人稱者大夫也此以大夫會文自當然若以君會當如鍾離殊會吴矣何不辭之云

七年

十有二月公會晉侯宋公陳侯衛侯曹伯莒子邾婁子于鄬鄭伯髡頑如會未見諸侯丙戌卒于鄵橾

鄵橾者何鄭之邑也諸侯卒其封内不地此何以地隱

之也何隱爾弑也孰弑之其大夫弑之曷為不言其大夫弑之為中國諱也曷為為中國諱鄭伯將會諸侯於鄬其大夫諫曰中國不足歸也則不若與楚鄭伯曰不可其大夫曰以中國為義則伐我喪以中國為强則不若楚於是弑之鄭伯髡頑何以名傷而反未至乎舍而卒也未見諸侯其言如會何致其意也

非也説已見左氏所謂為中國諱者蓋以其以中國為義則伐我喪以中國為强則不若楚以是為

髡頑所以弑者故為中國病而諱之若然非諱中國乃申弑者得有辭也可乎

九年春宋火

曷為或言災或言火大者曰災小者曰火然則內何或以不言火內不言火者甚之也何以書記災者也

災不書此何以書為王者之後記災也

人火為火天火為災左氏之言是矣據左氏經無書火者惟一見於周宣榭而公羊穀梁皆作災則

春秋固不記火也災以謹天變火則有人為之者亦不勝記也而二傳獨以陳災為火公羊又以此宋災為火蓋二傳初不別天人但以大小國邑火為辨故一之而不復校當從左氏

十年

戍鄭虎牢、

孰戍之諸侯戍之曷為不言諸侯戍之離至不可得而序故言我也諸侯已取之矣曷為繫之鄭諸侯莫

之主有故反繫之鄭

凡戍皆以捍外患爲辭戍衛戍陳是也此蓋諸侯遂城虎牢以逼鄭繼又會伐而鄭内有三公子之難遂暫服諸侯因以歸之恐楚以其從晋來伐故諸侯爲之戍則虎牢復還鄭矣所以繫之鄭既而楚救至鄭又叛附楚諸侯明年再伐而卒爲蕭魚之會然後遂定以經次之其序當然兩歲之間鄭乍叛乍服不常左氏載之先後亦失其序説已見

左氏今云諸侯莫之主有故反繫之鄭若是又何以戍云乎杜預言修其城而置戍鄭服則欲以還此近是而非若未還鄭則未可繫鄭也

十有一年春王正月作三軍

三軍者何三卿也作三軍何以書譏何譏爾古者上卿下卿上士下士

周制諸侯大國次國雖不同皆有三卿特命於天子與其君者有隆殺未有二卿者也大國三卿二

卿命於天子傳豈以命卿為說乎然古者諸侯本無軍教衛以賛元侯遏方伯出軍則以卿率其所教之民從之卿不得有其軍以卿將兵周之末造也晉作三軍又作三行皆有卿相而魯有四卿出伐又何擇於天子之命卿乎此盖傳不知諸侯無軍之制誤認周官大國三軍次國二軍之文以為魯次國當有二軍以二命卿將之故此以三卿作三軍為譏不知周官之文乃諸侯惡其害也而益

之者吾於春秋考論之矣

十有二年春王三月莒人伐我東鄙圍台

邑不言圍此其言圍何伐而言圍者取邑之辭也伐而不言圍者非取邑之辭也

公羊前於隱傳宋人伐鄭圍長葛曰邑不言圍此其言圍何彊也謂實圍也今言邑不言圍此其言圍何而益之以伐而言圍者取邑之辭則是謂非實圍諱取邑之辭爾一例而為二說則將安從考

之於經有言伐而不言圍者有言伐言圍而不言取者有言伐言圍而言取者其事各不同邑固未有直言圍與取者則凡圍邑取邑皆有伐國也然伐未必皆圍圍未必皆取則凡書伐而不書圍者為實不圍之辭乎為圍而不取之辭乎書圍而不書取者為實不取之辭乎為諱取之辭乎既以謂之諱矣則取長葛何以獨不諱度傳意此例似特以為內言者是於內為實於外為諱也然按下云

春秋公羊傳讞

季孫宿帥師救台遂入鄆若已取台則無事於救是我亦未嘗失台也其言反覆皆無據以實言之邑之圍即伐之圍不當離而為二伐而言圍言取者皆正其伐之道吾說已見前則邑無不言圍者以邑不言圍為例者皆妄也

季孫宿帥師救台遂入鄆

大夫無遂事此其言遂何公不得為政爾

大夫無遂事不可概以公不得為政見譏吾前言

之矣此救台入鄆罪在未出疆而遂也

十有三年

夏取詩

詩者何邾婁之邑也曷為不繫乎邾婁諱亟也

非也說已見前

十有五年

劉夏逆王后于齊

劉夏者何天子之大夫也劉者何邑也其稱劉何以

邑氏也外逆女不書此何以書過我也

非天子之大夫天子之上士也天子大夫之田視子男劉夏而大夫則稱劉子矣蓋天子之上士以名氏見

春秋公羊傳讞卷五

春秋公羊傳讞

宋　葉夢得　撰

卷六

昭公

元年春

叔孫豹會晉趙武楚公子圍齊國酌宋向戌衛石惡陳公子招蔡公孫歸生鄭軒虎許人曹人于漷

此陳侯之弟招也何以不稱弟貶曷爲貶爲殺世子

春秋公羊傳讀

偃師貶曰陳侯之弟招殺陳世子偃師大夫相殺稱人此其稱名氏以殺何言將自是弒君也今將爾詞曷為與親弒者同君親無將將而必誅焉然則曷為不於其弒焉貶以親者弒然後其罪惡甚春秋不待貶絕而罪惡見者不貶絕以見罪惡也貶絕然後罪惡見者貶絕以見罪惡也今招之罪已重矣曷為復貶乎此著招之有罪也何著乎招之有罪言楚之託乎討招以滅陳也

諸侯之尊弟兄本不得以屬通所謂母弟稱弟母
兄稱兄者非以為凡母兄弟之稱以為必有見焉
而舉重之稱也若無所見自當從常文公子友如
陳葬原仲之類是也招殺偃師事在八年之春此
以大夫出會自當從常文書名氏何用必欲見陳
侯之弟而謂之貶哉且春秋者史也史者各從其
先後日月以紀事而非通一代之事追記而書者
也今自後觀之知其嘗殺偃師方會鄬時招尚未

殺偃師安得預見其惡而與乎蓋傳於隱四年書翬伐鄭不稱公子已誤以為與弒公故於招亦云而不悟也　傳言將若公子牙是也招殺偃師據左氏蓋二妃之嬖公子留有寵哀公欲奪偃師而立留以留屬招故哀公疾而招殺偃師以立留則偃師之死哀公實啓之也所以楚師滅陳放招而殺孔瑗招必有為之辭者矣經主招以見殺特以其不當承哀公之邪心而從之爾則招之殺偃師

何由見於八年之前而謂之將哉且偃師未嘗君而謂之弑又以見傳之陋盜殺蔡侯申以賤猶不得以君臣言之而謂之弑偃師未君而言弑斯亦不足以為經矣　招雖未必殺偃師而以招主殺者春秋之義也若秉陳之亂假招以為辭而滅陳者此自楚之罪春秋豈縱失楚子之惡而歸之於招哉今以言公子而不言陳侯之弟為見其將又以不言公子而言陳侯之弟者為以親者弑兩辭

皆以為叚則名實何由而定春秋豈為是紛紛也

三月取運

運者何內之邑也其言取之何不聽也

言內邑是矣不聽非也叛而從莒爾故言取內取外邑之辭也不聽伐之而已何以取為

夏秦伯之弟鍼出奔晉

秦無大夫此何以書仕諸晉也曷為仕諸晉有千乘之國而不能容其母弟故君子謂之出奔也

鍼固未必大夫也以其出奔罪秦伯不能容故以親責之而已若遂以此為有大夫則妄吾前言之矣大夫以道去其君猶謂之放而不言奔今秦實仕鍼於晉未絶其為兄之道何得遂以出奔之辭言之且於經何以見也

叔弓帥師疆運田

疆運田者何與莒為竟也與莒為竟則曷為帥師而往畏莒也

春秋公羊傳讞

前書取運者乘去疾不得於國人之際取之而未暇定其境故又乘去疾入展輿出奔未有與爭者遂別於莒而溝封之帥師云者脅運使從已也若以為畏莒莒亂且未必能自守吾何為而畏彼哉

四年

伐吴執齊慶封殺之

此伐吴也其言執齊慶封何為齊誅也其為齊誅奈何慶封走之吴吴封之於防然則曷為不言伐防不

與諸侯專封也慶封之罪何脅齊君而亂齊國也
周官言大封之禮合衆也所謂封者封國也故巾
車言五路之用曰以封同姓以封異姓之類若諸
侯各以其邑賜其大夫此非封也猶王畿食采之
地爾晉陽為趙鞅之邑曲沃為欒盈之邑之類是
也楚以彭城與魚石吴以防與慶封亦猶是而傳
皆以專封言之誤矣且封之為言為之制其畿疆
溝洫城郭之名非與之之名若楚丘緣陵遷其居

而立之國此乃可以專封言爾

九月取鄣

其言取之何滅之也滅之則其言取之何内大惡諱也

滅自爲滅取自爲取二名不相通吾於左氏言之矣鄣蓋先滅於莒後復封之以爲附庸故我乘莒亂既取運又取鄣傳蓋不知二名之辨而妄意之爾不然鄣已前滅矣今安得復有鄣乎

五年春王正月舍中軍、

舍中軍者何復古也然則曷為不言三卿五亦有中三亦有中

傳前誤以二卿解作三軍蓋正以今言舍中軍感之謂魯先有二軍添中以作三軍也故今言舍中軍謂之復古而後以三卿為問謂五亦有中三亦有中所以解前不言作三軍之意恐疑於五軍之中也其為說雖甚勞要之非經意蓋未見左氏所

春秋公羊傳讞

叙事而妄意之也

夏莒牟夷以牟婁及防兹來奔

莒牟夷者何莒大夫也莒無大夫此何以書重地也

其言及防兹來奔何不以私邑累公邑也

莒無大夫非也吾前言之矣以為重地皆非是説

已見前

秋七月公至自晉

戊辰叔弓帥師敗莒師于濆泉

濆泉者何直泉也直泉者何涌泉也
濆泉地名非以泉名兩國交兵所包地亦廣何止在一泉之上乃不以其地地而以泉地乎

秦伯卒

何以不名秦者夷也匿嫡之名也其名何嫡得之也
春秋狄楚狄吴狄徐三國皆聖賢之後以其習於用夷而為中國患故狄之秦出伯翳雖近西域而未嘗同好僖之十五年書晉侯及秦伯戰于韓始

見於經即得稱爵與中國諸侯一施之此秦穆公也蓋其誓猶録於書決非用夷禮者春秋曷嘗狄之哉所謂匿嫡之名於經皆無據傳但見秦伯之卒赴以名者少夫赴以名不以名各隨其俗或諱於前或諱於後不可知經但從其告則書之爾按詩秦穆公娶於晉獻公其夫人為晉女生康公故渭陽之詩言康公念母則康公為嫡子矣文十八年卒經書秦伯罃則嫡子未嘗匿名可見公羊之

妄也

八年

秋蒐于紅

蒐者何簡車徒也何以書蓋以罕書也

非也說已見大閱

九年

夏四月陳火

陳已滅矣其言陳火何存陳也曰存陳悕矣曷為存

春秋公羊傳讀

陳滅人之國執人之罪人殺人之賊葬人之君若是則陳存悕矣

陳火左氏作災當從災外火不志存陳者春秋之意也諸侯滅國多矣經獨於陳致意焉者為其三恪之後武王所封以祀舜而絕之也陳已滅而猶見葬陳哀公陳火者蓋楚以其滅之不義非他小國之比懼諸侯之討故猶為之告葬告火若云吾復欲封陳而不敢有故經因而書之伐其詐而見

陳之不可滅者雖楚猶知之所以存陳也今乃云滅人之國執人之罪人殺人之賊葬人之君以為存陳之悕似以為楚意者此四言惟滅國一條為罪其餘謂楚能閔陳而悲之為美可矣滅國而録其美豈春秋之義哉何休以為天存之尤妄天有愛於陳則不焚之矣不惟非經意亦非傳意

十有一年

大蒐于比蒲

大蒐者何簡車徒也何以書蓋以罕書也

非也說已見前

冬十有一月丁酉楚師滅蔡執蔡世子有以歸用之

此未踰年之君也其稱世子何不君靈公不成其子也不君靈公則曷為不成其子誅君之子不立非怒也無繼也惡乎用之用之防也其用之防奈何蓋以築防也

傳例世子君在稱世子君沒稱子凡未踰年之君

不稱子而稱世子者或挈之以見正或與之以見善挈之以見正者鄭忽是也所以别突之不正也與之以見善者蔡有是也所以見其能效死其國以盡其為子也今乃曰不君靈公不成其子且善善及子孫惡惡止其身傳以為春秋之義也靈公雖弑父何以絶其子不得為子哉不成其子而反謂之世子是乃所以為子也其説固自不能通矣所謂誅君之子不立者於經亦無見內則桓公弑

凡所當誅也而不絶莊公之君外則㮣商臣弑父所當誅也而不絶莊王之君不知傳為何據用之築防其說尤陋

十有二年春齊高偃帥師納北燕伯子陽于伯于陽者何公子陽生也子曰我乃知之矣在側者曰子苟知之何以不革曰如爾所不知何春秋之信史也其序則齊桓晉文其會則主會者為之也其詞則丘有罪焉爾

此即孟子所謂其事則齊桓晉文其文則史其義
則丘竊取之也此本自晉之乘楚之檮杌魯之春
秋參之以為魯史亦猶晉楚其事與文未嘗不同
約魯史以為義則在我爾傳聞之不審既變易其
辭專以主會為說固失之矣又以公子陽生之事
不知前見北燕伯款出奔齊故今齊以高偃納之
于陽猶言納頓子于頓也不再見北燕者以未得
國而入其邑如鄭突之櫟衛衎之夷儀也其文豈

不明甚傳見經未有書納君者亦不見北燕故妄為説以意之陽生齊公子也謂燕適與之名同周不可知然經凡言納者皆與其納之辭公子而與其納其義亦不可通矣此亦傳每以納為篡是以失之而弗悟春秋善善惡惡以示勸沮于天下後世之書非徒為史以記事之書也苟録于經者其義有取焉若事有關不足見義則删之而已焉用不革而必書之哉而公羊穀梁每為疑以傳疑之

論吾未見著一王之法而反傳疑者子曰吾猶及史之闕文也有馬者借人乘之今亡矣夫平居教弟子使無以疑而措其私則闕之可矣而作經則異是二氏豈徒得其言而不知所以爲經者歟

十有三年

秋公會劉子晉侯齊侯宋公衛侯鄭伯曹伯莒子邾婁子滕子薛伯杞伯小邾婁子于平丘八月甲戌同盟于平丘公不與盟晉人執季孫隱如以歸公至自會

春秋公羊傳讀

公不與盟者何公不見與盟也公不見與盟大夫執何以致會不恥也曷為不恥諸侯遂亂反陳蔡君子不恥不與焉

公不與盟者正與不見公異此蓋以政在季氏侵暴邾莒兩國之君愬于會晉于是謝公使不得盟以公為不足殺恥故著之何與陳蔡之復也傳蓋不見其事徒以下文見陳蔡之復而妄意之諸侯以義興滅繼絶而不得與此正君子之所當恥者

何反謂之亂而不恥乎亦欲附會得意致會之言而為之説也

蔡侯廬歸于蔡陳侯吴歸于陳

此皆滅國也其言歸何不與諸侯專封也

楚既滅陳蔡因平丘之會懼而復反其世子經不以楚復之為文而以蔡廬陳吴自復為文雖未得國而預書其爵以見國與爵皆廬吴所應得而非受之楚者也此皆反其舊國豈所謂專封者哉傳

知以歸起問而不知所以書歸之意故誤以為專
封而奪之也

十有五年春

二月癸酉有事于武宮籥入叔弓卒去樂卒事

其言去樂卒事何礼也君有事於廟聞大夫之喪去
樂卒事大夫聞君之喪攝主而往大夫聞大夫之喪
尸事畢而往

君有事于廟聞大夫喪去樂卒事於禮未之見曾

子問諸侯之祭社稷俎豆既陳聞天子崩后之喪君薨夫人之喪如之何孔子曰廢則是君在祭而聞大夫之喪者不廢也非特社稷而已衛柳莊寢疾獻公曰若疾革雖當祭必告可見大夫之不告也傳蓋但見叔弓卒之事而不知叔弓卒於祭故誤以告為例乃仲遂卒自不應告而告蓋仲遂之疆爾不可謂之禮也

十有八年

夏五月壬午宋衛陳鄭災

何以書記異也何異爾異其同日而俱災也外異不書此何以書為天下記異也

此但見其同日俱災爾非異也何與天下之事其失與沙鹿崩同

十有九年

冬葬許悼公

賊未討何以書葬不成于弒也曷為不成於弒止進

藥而藥殺也止進藥而藥殺則曷爲加弒焉爾譏子道之不盡也其譏子道之不盡柰何曰樂正子春之視疾也復加一飯則脫然愈復損一飯則脫然愈復加一衣則脫然愈復損一衣則脫然愈止進藥而藥殺是以君子加弒焉爾曰許世子止弒其君買是君子之聽止也葬許悼公是君子之赦止也赦止者免止之罪辭也

許止罪其不嘗藥爾不責其不能愈疾也與樂正

子春一飯一衣之間脱然而愈者不類矣然樂正子春能損益衣食以盡其節可以為孝而疾愈不愈亦非子春之責不可以為義

二十年

夏曹公孫會自鄸出奔宋

奔未有言自者此其言自何畔也畔則曷為不言其畔為公子喜時之後諱也春秋為賢者諱何賢乎公子喜時讓國也其讓國奈何曹伯廬卒于師則未知

公子喜時從與公子負芻從與或爲主于國或爲主于師公子喜時見公子負芻之當主也逡巡而退賢公子喜時則曷爲爲會諱君子之善善也長惡惡也短惡惡止其身善善及子孫賢者子孫故君子爲之諱也

傳嘗謂曹無大夫矣故公子手之見以爲憂内今公孫會亦不得見而見者也何以不起問而遽論其畔乎凡大夫出奔未有書自者蓋皆以自其中

春秋公羊傳讀

國出為文也唯會獨見自鄭則鄭者蓋會之邑自其邑出奔也審以其邑畔則當如晉趙鞅先書入于晉陽以叛然後與宋華亥向寧華定同書自宋南里出奔其義乃顯今不見畔而見奔豈畔者哉乃以為為公子喜時之後諱尤不可據傳謂春秋為賢者諱之說固自不可盡通若其小過不害大節或為之諱以全其美猶云可也使據地畔君雖賢者之身尚不可諱況其後乎亦不可以為義矣

二十有一年

宋華亥向甯華定自陳入于宋南里以畔

宋南里者何若曰因諸者然

因諸者不知其為何語何休以為齊故刑人之地傳以為喻其言亦已迂矣宋南里者明在國中不可以地因以里之南北辨之猶言亳城北爾不必別為義也

二十有二年

王室亂

何言乎王室亂言不及外也

王室猶言王家也子朝爲猛爭國事在其家自應以實書王室不嫌其不及外也

劉子單子以王猛居于皇

其稱王猛何當國也

王猛據左氏太子壽之母弟是亦王之嫡子法之所得立也子朝庶長也朝以猛非太子而欲以其

長奪之故作亂而爭猛未踰年天子在喪未踰年
之稱於禮不可見矣以傳世子父没稱子之例推
之此諸侯之禮而已今猛以名繫王豈天子之稱
異歟何以言之禮所以別嫌也若槩謂之子則下
同於諸侯不可云劉子單子以子猛居于皇若加
王子以為之辨則下同於衆子與王子朝何以異
以名繫王固其所也傳既不見其事又不知其所
為別者乃以為當國所謂當國者欲篡也蓋下又

言以王猛入于王城傳每以入為篡辭故遂成其
說而不疑其實皆未嘗得其事之本末但拘其例
而妄推之也

秋劉子單子以王猛入于王城

王城者何西周也其言入何篡辭也

非也說已見前

冬十月王子猛卒

此未踰年之君也其稱王子猛卒何不與當也不與

當者不與當父死子繼兄死弟及之辭也

未踰年君者猶有先君存焉不成其為君者也方其生有當君之義故以名繫王不得不異又以別嫌其死則終亦王之子而已故復以王子猛書之而稱卒不以王子朝為疑而嫌也傳見其前但稱名後復稱子故以不與當父死子繼兄死弟及之辭使其與之則可稱天王崩乎

二十有三年

春秋公羊傳讀

晉人圍郊

郊者何天子之邑也曷為不繫于周不與伐天子也

據左氏子朝始作亂以郊要餞三邑之甲逐劉子

及晉籍談荀躒納猛而郊人復敗王師郊疑為子

朝之邑此乃圍王子朝爾非伐天子也

戊辰吴敗頓胡沈蔡陳許之師于雞父胡子髠沈子楹

滅獲陳夏齧

此偏戰也曷為以詐戰之辭言之不與夷狄之主中

國也然則曷為不使中國主之中國亦新夷狄也其言滅獲何别君臣也君使〔死〕于位曰滅生得曰獲大夫生死皆曰獲不與夷狄之主中國則其言獲陳夏齧何吳少進也

據左氏雞父之戰吳子以罪人三千先犯胡沈與陳三國爭之吳乘其後而擊遂敗三國此正傳所謂詐戰也故經書敗不書戰傳何以知其為偏戰而以詐戰言之乎凡師各以主戰者居上經未嘗

別夷狄與中國也今言吴敗頓胡沈蔡陳許之師則固吴主之矣何得彊以為偏戰而不與主中國乎所謂中國亦新夷狄者謂其王室亂不能救也子朝與猛之亂晉為伯主齊魯為大國經尚不責其不救何獨責於頓胡沈蔡陳許之小國乎使不以責而吴實以詐敗之可云頓師吴師沈師蔡師陳師許師及吴戰于雞父頓師胡師沈師蔡師陳師許師敗績乎此亦不知其事而妄意之者也

此與獲莒拏獲宋華元之獲同義師敗將獲法自當書所以重將不為獲之者起義也且前言偏戰以不得主中國而以詐戰言之矣今言不得主中國而復以少進言獲春秋曷為乍進乍退若是其煩乎

天王居于狄泉

此未三年其稱天王何著有天子也

天子諸侯在喪有自稱之名有臣子稱之之名傳

於毛伯來求金言不稱使當喪未君也踰年矣何以謂之未君即位矣而未稱王也故其說以為天子三年然後稱王蓋言孝子之心三年不忍當也然此其自稱而已經於魯君踰年書即位未有不稱公者傳亦有踰年稱公之論則天子未三年豈有不稱王者哉是蓋臣子之称也傳初不知其辨而一之故疑敬王未三年而称天王以為著有天子夫周雖無君所以為天子者固在豈王室之乱

而能没之惡在區區者其有哉此蓋不知毛伯求
金不言使者自天子言之故王居于狄泉言天王
者自臣子言之兩者固不同也
冬公如晉至河公有疾乃復
何言乎公有疾乃復殺恥也
此言有疾者著公之實有疾則以見他不言有疾
者皆非疾也何殺恥之有
二十有五年

春秋公羊傳[illegible]

九月己亥公孫于齊次于楊州齊侯唁公于野井

唁公者何昭公將弒季氏告子家駒曰季氏為無道僭於公室久矣吾欲弒之何如子家駒曰諸侯僭于天子大夫僭於諸侯久矣昭公曰吾何僭矣哉子家駒曰設兩觀乘大路朱干玉戚以舞大夏八佾以舞大武此皆天子之禮也且夫牛馬維婁委已者也而柔焉季氏得民衆久矣君無多辱焉昭公不從其言終弒而敗焉走之齊

季氏而謂之弑傳蓋未知君臣之為辨矣宜其前

以公子招殺偃師而謂之弑也

二十有六年

冬十月天王入于成周

成周者何東周也其言入何不嫌也

傳以入為篡辭故于此不能了而謂之不嫌夫既不嫌何不言歸而必以篡辭書之哉則敬王終亦為篡者也

二十有七年

邾婁快來奔

邾婁快者何邾婁之大夫也邾婁無大夫此何以書

以近書也

非也說已見前

二十有九年

冬十月運潰

邑不言潰此其言潰何郛之也曷爲郛之君存焉爾

潰者衆叛之辭前邑潰不見于經蓋畧外之義故外邑皆不書非止潰也此以詳内故書之爾猶外邑不言圍而内邑言圍也何用見其郛之而君存使君不存則潰不書乎

三十有一年

冬黒弓以濫來奔

文何以無邾婁通濫也曷為通濫賢者子孫宜有地也賢者孰謂謂叔術也何賢乎叔術讓國也其讓國

奈何當邾婁顏之時邾婁女有為魯夫人者則未知其為武公與懿公與孝公幼顏淫九公子于宮中因以納賊則未知其為魯公子與邾婁公子與臧氏之母養公者也君幼則宜有養者大夫之妾士之妻則未知臧氏之母者曷為者也養公者必以其子入養臧氏之母聞有賊以其子易公抱公以逃賊至湊公寢而弒之臣有鮑廣父與梁買子者聞有賊趨而至臧氏之母曰公不死也在是吾以吾子易公矣於是

負孝公之周愬天子天子為之誅顏而立叔術反孝公于魯顏夫人者嫗盈女也國色也其言曰有能為我殺殺顏者吾為其妻叔術為之殺殺顏者而以為妻有子焉謂之盱夏父者其所為有於顏者也盱幼而皆愛之食必坐二子於其側而食之有珍怪之食盱必先取足焉夏父曰以來人未足而盱有餘叔術覺焉曰嘻此誠爾國也夫起而致國于夏父夏父受而中分之叔術曰不可三分之叔術曰不可四分之

春秋公羊傳讀

叔術曰不可五分之然後受之公扈子者邾婁之父兄也習乎邾婁之故其言曰惡有言人之國賢若此者乎誅顏之時天子死叔術起而致國於夏父當此之時邾婁人常被兵于周曰何故死吾天子通濫則文何以無邾婁天下未有濫也天下未有濫則其言以濫來奔何叔術者賢大夫也絶之則為叔術不欲絶不絶則世大夫也大夫之義不得世欲於是推而通之也

傳為善善及子孫之論吾固已言其非矣使叔術之事誠然尚不足以免黑弓之叛況其言詭異傳前後自為兩辭則何足信乎穀梁所謂別乎邾而非天子所命者是乎

三十有二年春

取闞

闞者何邾婁之邑也曷為不繫乎邾婁諱亟也

據左氏昭公欲伐季氏叔孫婼如闞公在陽州婼

自闞歸則闞蓋內邑或叔孫氏之別邑也以為邾婁之邑誤矣

定公

元年春

三月晉人執宋仲幾于京師

仲幾之罪何不蓑城也其言于京師何伯討也伯討則其稱人何貶曷為貶不與大夫專執也曷為不與實與而文不與文曷為不與大夫之義不得專執也

諸侯以强而更相執非王政也以彼善於此而言之諸侯有罪伯主能執之歸于京師以聽天子之命猶以為可也然執之有當其罪者有不當其罪者故經有以侯執有以人執傳以侯執為伯討以人執為非伯討此其說是也然則非伯主且不得執矣而況於大夫乎城周之役晉侯不至而以韓不信主之今稱晉人執宋仲幾于京師則韓不信之為也傳既知大夫之義不得專執又何以伯討

言手據左氏仲幾蓋為薛所愬而執者宋誠有罪韓不信在天子之側宜當請于天子而正之何為專執不歸之天子而歸之晉經所以挈京師而著之尚安足為伯討哉謂之實與而文不與吾不知其説也

冬十月霣霜殺菽

何以書記異也此災菽也曷為以異書異大乎災也

凡害物者謂之災不害物者謂之異周之十月夏

之八月也月令八月殺氣浸盛九月霜始降今以八月而霜降殺菽實霜異也殺菽灾也二事故並見非獨記異也何以見異大於灾而書異乎若實霜不殺草乃可言異爾

二年

夏五月壬辰雉門及兩觀灾

其言雉門及兩觀灾何兩觀微也然則曷爲不言雉門灾及兩觀主灾者兩觀也時灾者兩觀則曷爲後

春秋公羊傳讁

言之不以微及大也何以書記災也

災自雉門始而次及於兩觀此言之序自當然傳何疑而必以不言雉門災及兩觀起問蓋謂不以微及大為說亦已迂矣公羊解經大抵欲顛倒先後而自以其意為義度其義蓋自發之使辭不言及但云雉門兩觀災則傳又何說乎

冬十月新作雉門及兩觀

其言新作之何修大也脩舊不書此何以書譏何譏

爾不務乎公室也

新與新作異新者修舊新作者非脩舊有創爲之者矣穀梁所謂有加其度者是也周賜周公以天子禮樂以天子皋門之制爲庫門應門之制爲雉門蓋不得純同乎天子也今因災而新之乃言作者是更舊而實以天子雉門之制爲之矣尚何修舊云哉不務公室者言不勉從公室之禮矣若但修舊而不作則何以謂之不務公室此亦自相伐

春秋公羊傳讞

矣

五年

於越入吴

於越者何越者何於越者未能以其名通也越者能以其名通也

昭五年書楚子蔡侯陳侯許男頓子沈子徐人越人伐吴三十二年書吴伐越則越之名固已前見矣今言於越何以為未能以名通乎凡諸國之名

經未嘗有加損各從其所自稱以來告者而已所謂地從主人者也則今稱於越蓋前稱越後稱於越猶楚前稱荆後稱楚爾傳以未能名通言之適反其序矣

六年

季孫斯仲孫忌帥師圍鄆

此仲孫何忌也曷為謂之仲孫忌譏二名二名非禮也

春秋公羊傳詁

古未有無二名者孔子之母名徵在故禮二名不偏諱則二名何傷於禮乎此蓋闕文忌上七何字爾

八年

從祀先公、

從祀者何順祀也文公逆祀去者三人定公順祀叛者五人

孔子不與僖公以允先閔公故經書躋僖公以為

歟則今正之而順祀非不善也但陽虎爲不之當其節爾傳記逆祀而去者三人可矣順祀而叛者五人不知其何意豈反有不然於順祀者而公羊以爲是乎

盜竊寶玉大弓

盜者孰謂謂陽虎也陽虎者曷爲者也季氏之宰也季氏之宰則微者也惡乎得國寶而竊之陽虎專季氏季氏專魯國陽虎拘季孫孟氏與叔孫氏迭而食

之賊而録其板曰某月某日將殺我于蒲圃力能救我則於是至乎日若時而出臨南者陽虎之出也御之於其乘焉季孫謂臨南曰以季氏之世世有子子可以不免我死乎臨南曰有力不足臣何敢不勉陽越者陽虎之從弟也為右諸陽之從者車數十乘至于孟衢臨南投策而墜之陽越下取策臨南駷馬而由乎孟氏陽虎從而射之矢著于莊門然而甲起於琴如弑不成却反舍于郊皆說然息或曰弑千乘之

主而不克舍此可乎陽虎曰夫孺子得國而已如大夫何睋而曰彼哉彼哉趣駕既駕公斂處父帥師而至僅然後得免自是走之晋寶者何璋判白弓繡質龜青純

此不知夏后氏之璜封父之繁弱為魯之分器而妄言之也

哀公

三年春齊國夏衛石曼姑帥師圍戚

春秋公羊傳詁

齊國夏曷爲與衛石曼姑帥師圍戚伯討也此其爲伯討奈何曼姑受命乎靈公而立輒以曼姑之義爲固可以距也之輒者曷爲者也蒯聵之子也然則曷爲不立蒯聵而立輒蒯聵爲無道靈公逐蒯聵而立輒然則輒之義可以立乎曰可其可奈何不以父命辭王父命以王父命辭父命是父之行乎子也不以家事辭王事以王事辭家事是上之行乎下也

傳以納爲入辭遂謂此實入衛以子不得有父故

以戚言之此乃自解其例非解經也按此實止入戚未入衛尔何用更起問蓋傳始誤以納入同為一辭皆謂之簒是以終其書每失而不悞也　圍戚逆之甚矣而反以為伯討為說之獘一至於此且齊至是安得為伯哉而傳遂謂曼姑受命靈公而立輙不知其何據乃知先儒敢創設事端以附會其說無所忌憚每爾曼姑雖使受命于靈公然帥師圍戚則輙命之也幸而得戚則曼姑可遂殺

春秋公羊傳説

蒯聵而輒不問乎若曰輒非敢圍蒯聵者此晏姑之為則捨其父而聽其臣是何以立於天下此皆人之所不忍言而公羊言之不疑范甯論之詳矣

五月辛卯桓宫僖宫灾

此皆毁廟也其言灾何復立也曷為不言其復立春秋見者不復見也何以不言及敵也何以書記灾也桓僖蓋親盡而不毁者也三家皆出於桓而僖公為魯中興之主故僣存之傳蓋不聞孔子之言而

遂以不言復立為春秋見者不復見其誣經可知矣

四年春王三月庚戌盜弒蔡侯申

弒君賤者窮諸人此其稱盜以弒何賤乎賤者也賤乎賤者孰謂謂罪人也

弒左氏作殺當從左氏並不使盜得君蔡侯也故不言其君而言爵猶閽之言吳子也閽雖賤而有職守於王宮盜非有職守者也故閽言弒盜言殺

傳蓋不辨弑殺之義故二辭常一施之經書盜二有以微者言之者盜殺衛侯之兄縶是也蓋殺大夫有稱人以見有罪者不可復以微者稱人故變文言盜微者雖非盜亂而殺大夫則亦可名以盜矣是以陽虎竊寶玉大弓亦言盜者虎既不得以名見而內無稱人之理故亦謂之盜也有以賊言之者此殺蔡侯申者是也蓋將以别乎微者故因其為亂而正名之以盜也然則何以知其為罪人

若賊手賊而非罪人則何以盜名之乎

晉人執戎曼子赤歸于楚

赤者何戎曼子之名也其言歸于楚何子北宫子曰辟伯晉而京師楚也

戎曼子名猶執蔡侯獻舞不反之辭也據左氏赤本楚之屬國叛楚而奔晉楚人以師求之晉復以與楚故言歸此文當然傳蓋不知而妄為之辭晉誠伯討自當以侯執今既以人執則於傳例非伯

討明矣何用更避審不歸天子而歸楚自當正其京師楚之罪亦何避之云盖傳斷赤歸于楚下四言别為句故何休以為避其文而名之使若晉非伯執而赤微者自歸於楚此乃承北宮子之誤而非經之義也

六年

齊陽生入于齊齊陳乞弑其君舍

弑而立者不以當國之辭言之此其以當國之辭言

之何為諼也此其為諼柰何景公謂陳乞曰吾欲立舍何如陳乞曰所樂乎為君者欲立之則立之不欲立則不立君如欲立之則臣請立之陽生謂陳乞曰吾聞子蓋將不欲立我也陳乞曰夫千乘之主將廢正而立不正必殺正者吾不立子者所以生子者也走矣與之玉節而走之景公死而舍立陳乞使人迎陽生于諸其家除景公之喪諸大夫皆在朝陳乞曰常之母有魚菽之祭願諸大夫之化我也諸大夫皆

曰諾於是皆之陳乞之家坐陳乞曰吾有所爲甲請以示焉諸大夫皆曰諾於是使力士舉巨囊而至于中霤諸大夫見之皆色然而駭開之則闖然公子陽生也陳乞曰此君也已諸大夫不得已皆逡巡北面再拜稽首而君之爾自是往弑舍

不以當國之辭言之者傳意謂其啇人氏公子也盖傳如以衛州吁弑君不氏以爲當國謂將爲君非復公子故以國氏而啇人復氏公子則無以爲

之說故於此復以弒而立者爲辭謂商人立州吁不立故也然陽生弒而立者也乃不與商人同辭而與州吁同辭則其說又不能行故復以譏言之然商人亦欲傾舍而奪之位驟施於國而多聚士卒以弒舍豈非所謂譏哉其迹雖不同而志實相類然而陽生之詐成於陳乞而商人之詐乃出於已其惡當在陽生上經以陳乞主弒而不以陽生其意可見今乃不譏商人而譏陽生則適足以自

伐矣蓋其義一失於州吁後雖知其不通而不能變必欲遷就而成之故愈多而愈遠也

七年

秋公伐邾婁八月己酉入邾婁以邾婁子益來

入不言伐此其言伐何內辭也使若他人然邾婁子益何以名絕曷為絕之獲也曷為不言其獲內大惡諱也

前言秋伐者志伐而已後言八月入而以邾婁子

益來者非前伐也蓋再伐而入之此乃正入不言伐之例傳何以知其為前伐而反起問哉魯邾鄰國也連月之間以前伐不得志而再伐此理之當然無足怪者以邾婁子益來辭連上文蓋內辭以來為歸何以見若他人然亦妄矣凡戰而敗不服而強得之者獲也入而服因以歸則非獲也言獲亦非是且諸侯均不得相侵強得之與服之其罪一也獲為大惡則來豈得不為大惡乎

八年春王正月宋公入曹以曹伯陽歸

曹伯陽何以名絕曷為絕之滅也曷為不言其滅諱同姓之滅也何諱乎同姓之滅力能救之而不救也

曹伯陽名不反之辭也則曹真滅矣其不書滅自春秋之義吾說已見左氏且已滅同姓諱之可也而他人滅之而又以其不能救為惡而諱春秋無乃責人終無已乎魯至哀公亦已衰矣內有季氏之專而外又近迫於齊遠迫於吳哀公區區欲自

免其身而下從於越謂之力能救而不救亦不可也

九年春王二月葬杞僖公

宋皇瑗帥師取鄭師于雍丘

其言取之何易也其易奈何詐之也

取之易者未必出于詐詐者取之未必易二義自不相因非經言取之意取者盡有其衆力能得之者也

春秋公羊傳讞

十有二年春用田賦

何以書譏何譏爾譏始用田賦也

始用田賦則當言初矣今不言初則後未必常行

不必譏其始也是歲方與齊爲艾陵之役豈畏齊

怨而爲之備歟

十有三年春鄭罕達帥師取宋師于嵒

其言取之何易也其易柰何詐反也

非也說已見前

公會晉侯及吳子于黄池

吳何以稱子吳主會也吳主會則曷為先言晉侯不與夷狄之主中國也其言及吳子何會兩伯之辭也不與夷狄之主中國則曷為以會兩伯之辭言之重吳也曷為重吳吳在是則天下諸侯莫敢不至也

言吳主會而先晉侯不與夷狄之主中國與以會兩伯之辭言之為重吳者是矣而言吳在是則天下諸侯莫敢不至則非也蓋公羊不知外傳所載

夫差欲尊王室辭尊稱居卑稱故意之云爾當時吳雖强晉猶主中國無有不聽命于晉者豈以吳故而莫敢不至哉是猶言貫澤之會大國言齊宋者雖中國未必然況於吳乎穀梁亦不知外傳之言故為請冠端之說以為籍子成周以尊天王盖僅得之而不盡乃知說經固不可不知事也外傳言吳初與晉爭長後卒推晉與經之序正合吾是以知其可據

晉魏多帥師侵衛

此晉魏曼多也曷為謂之晉魏多譏二名二名非禮也

非也說已見前

十有四年春西狩獲麟

何以書記異也何異爾非中國之獸也然則孰狩之薪采者也薪采者則微者也曷為以狩言之大之也曷為大之為獲麟大之也曷為為獲麟大之麟者仁

春秋公羊傳讀

獸也有王者則至無王者則不至有以告者曰有麕而角者孔子曰孰為來哉孰為來哉反袂拭面涕沾袍顏淵死子曰噫天喪予子路死子曰噫天祝予西狩獲麟孔子曰吾道窮矣春秋何以始乎隱祖之所逮聞也所見異辭所聞異辭所傳聞異辭何以終乎哀十四年曰備矣君子曷為為春秋撥亂世反諸正莫近乎春秋則未知其為是與其諸君子樂道堯舜之道與末不亦樂乎堯舜之知君子也制春秋之義

以俟後聖以君子之為亦有樂乎此也

獲麟之義深矣不必辯為之大蓋實狩也左氏固言之矣　春秋始隱之義三傳皆不能言孟子所謂詩亡然後春秋作者不斷自隱公始也何休蓋微知之而不能自主其說反惑於三世之論蓋公羊之說姑以為祖之所逮聞夫孔子祖述堯舜憲章文武刪書本於唐虞而論易上及伏羲神農黃帝之事今立一王大法以遺天下後世而區區私

春秋公羊傳讞

其一家之傳不亦狹且陋哉且祖之所聞以孔子逮事而獲傳之以常情論不過得百餘年事而已安能上及隱哉以為曾高之逮聞非孔子所逮事則等為不親傳又何擇於曾高乎其言之淺俚不待攻而破矣

春秋公羊傳讞卷六

己未正月十二日校畢

己酉五月顧氏藝海樓鈔来

四庫館輯永樂大典本

春秋穀梁傳讞 卷一至卷三

春秋穀梁傳讞

卷一

葉夢得　撰

隱公

元年春王正月

雖無事必舉正月謹始也公何以不言即位成公志也焉成之言君之不取為公也君之不取為公何也將以讓桓也讓桓正乎曰不正春秋成人之美不成

人之惡隱不正而成之何也將以惡桓也其惡桓何也隱將讓而桓弒之則桓惡矣桓弒而隱讓則隱善矣善則其不正焉何也春秋貴義而不貴惠信道而不信邪孝子揚父之美不揚父之惡先君之欲與桓非正也邪也雖然既勝其邪心以與隱矣已探先君之邪志而遂以與桓則是成父之惡也兄弟天倫也為子受之父為諸侯受之君已廢天倫而忘君父以行小惠曰小道也若隱者可謂輕千乘之國蹈道則

未也
春秋謹始者在王不在正月事在正月則書王正
月事不在正月在二月則書王二月莊二年葬陳
莊公之類是也在三月則書王三月莊十二年紀
叔姬歸於酅之類是也未有正月無事而舉之者
唯通一時無事則書正月以見王莊五年之類是
也此年正月公實即位不得為無事特以正公故
不書與莊五年不類此正經之大義乃以謹始言

之非也其下自見三月盟邾儀父若正月無事則自當以三月首時見王此言施之於莊五年曰一時雖無事必舉王正月以謹始乃可爾　不言即位以為公志可矣然非春秋成之以惡桓也春秋立王者大法以示天下後世必舉其重者見焉豈區區以一人為褒貶哉隱讓桓之過正春秋所當治故不書即位以見其志傳既知春秋不成人之惡而以隱為不正矣乃以為惡桓而成之是以桓

而廢天下之大法也可乎

三月公及邾儀父盟于昧

及者何内為志焉爾儀字也父猶傳也男子之美稱也其不言邾子何也邾之上古微未爵命於周也不日其盟渝也昧地名也

言未爵命於周非也蓋不知書字之義說已見左氏

夏五月鄭伯克段于鄢

克者何能也何能也能殺也何以不言殺見段之有徒衆也段鄭伯弟也何以知其為弟也殺世子母弟目君以其目君知其為弟也段弟也而弗為（謂）弟公子也而弗謂公子貶之也段失子弟之道矣賤段而甚鄭伯也何甚乎鄭伯甚鄭伯之處心積慮成於殺也于鄢遠也猶曰取之其母之懷中而殺之云爾甚之也然則為鄭伯者宜奈何緩追逸賊親親之道也

弗謂公子言貶非也說已見左氏

秋七月天王使宰咺來歸惠公仲子之賵

母以子氏仲子者何惠公之母孝公之妾也禮賵人之母則可賵人之妾則不可君子以其可辭受之其志不及事也賵者何也乘馬曰賵衣衾曰禭貝玉曰含錢財曰賻

仲子為惠公之妾母是矣其死在是年與否蓋不可知而經不書者妾母自不得見也傳以賵人之妾為不可書之義已盡矣而反以其志為不及事

春秋[illegible]

夫既知其不可此固罪之所當書尚何論及事不及事若及事則不書乎且傳亦安知仲子之死不在是年而識其緩盖拘於秦人來歸僖公成風之禭而槩言之也

九月及宋人盟于宿

及者何内卑者也宋人外卑者也卑者之盟不日宿邑名也

及為内卑者非也説已見公羊宿邑名亦非是後

見宿男卒傳固以為國矣地以國者國亦與盟春
秋之例也

公子益師卒

大夫日卒正也不日卒惡也

益師之惡於三傳皆無見穀梁何由知之蓋見內
大夫多日卒故直推以為例爾以此見公羊穀梁
以日月為例皆未嘗見事實得（特）以經文妄意之者
此為信則公子牙蓋將簒君者季孫意如親逐昭

公者而牙書七月癸巳卒意如書六月丙申卒謂之無惡可乎

二年春公會戎于潛

會者外為主焉爾知者慮義者行仁者守有此三者然後可以出會會戎危公也

會非別及之辭吾于公羊言之矣傳復以內外為辨其失大約與公羊同且會某盟于某及某盟于某如傳言以別內外猶云可也若會而不言盟既

不以為禮之名則會終何事乎公及齊高傒盟公
及晉處父盟此皆不敵公而沒公然皆書及而不
書會則及非内志可知矣此所謂公會戎于潛者
正以會禮相見者也不然使内為主可但云公及
戎于潛乎

夏五月莒人入向

入者内弗受也向我邑也

經書入有二例有用兵勝國别於滅而書入者有

春秋[illegible][illegible]傳讀

諸侯大夫出奔反國別於歸而書復入者其義各不同復國而入或内無援其歸為難或其理逆不應得歸而歸以為内弗受可也若勝國而入豈可以是為例哉未有入人之國而内受之者而傳一施之當從公羊所謂得而弗居者是也向國也亦非我邑經未有書入邑者

無侅帥師入極

入者内弗受也極國也茍焉以入人為志者人亦入

之矣不稱氏者滅同姓貶也

內弗受其失與前同無侅不氏為貶則其說與前復異且入則非滅滅則入不足言二說不可相通若從後說極蓋滅矣則前安得言入乎以入極為滅本出公羊說者謂穀梁出公羊後晚得其書間竊取之以附已說故有解一事為二義先後相戾者今考於傳宜有之也

九月紀履緰來逆女

春秋[illegible]

逆女親者也使大夫非正也以國氏者為其來交接於我故君子進之也

逆女非親者說已見公羊凡諸侯大夫來盟來聘之類無非交接於我者未嘗得一襃復緰如傳言君不行而使大夫此乃當貶何為反獨進乎諸侯以爵繫國大夫公子公孫以氏繫國此文之當然所以別他國有不得以氏見則書名而已非謂不氏其氏而以國為氏者也而公羊穀梁每為國氏

之說其義皆無可據穀梁之例三齊無知之徒為當國以國氏宋萬之徒為卑者以國氏令履緰之徒又為進大夫以國氏范甯為公子公孫纂君代位故去其氏族國氏以表其無禮此猶可言也若庶姓微臣雖為大夫不得爵命既不書其氏族當知某國之臣故國氏以別之是謂不得爵命者不得以氏族見也豈有大夫而無爵命者乎正使得以氏族見若不氏國亦何以別其為某國之臣則

謂畀者為國氏亦不可通矣而履緰又以為奉國重命得接公行禮故以國氏重之履緰非畀者當以氏見因欲從之反去其本氏此說自興傳異傳後言逆之道微故不言使則履緰固畀者矣若然則又何以異于宋萬而謂之進乎叔姬歸于紀傳曰其不言逆逆之道微無足道焉爾等為微者一則没而不得見一則書而謂之進其言亦已龐矣

冬十月伯姬歸于紀

禮婦人謂嫁曰歸反曰来歸從人者也婦人在家制於父既嫁制於夫夫死從長子婦人不專行必有從也伯姬歸于紀此其如專行之辭何也曰非專行也吾伯姬歸于紀故志之也其不言使何也逆之道微無足道焉爾

此與叔姬之文同知其不可通故改逆為使然適足以相代

紀子伯莒子盟于密

春秋穀梁傳讀

或曰紀子伯莒子而與之盟或曰年同爵同故紀子以伯先也

此闕文說已具（見）左氏［按左傳獻此文已佚］（此八字應是四庫館纂書按語當作夾注而誤寫作本書正文）春秋雖齊小白晉重耳未嘗顯得稱伯以臨諸侯何紀子而得稱乎若以為以伯先則紀子固未嘗伯也

三年春王二月己巳日有食之

言日不言朔（食）晦日也其日有食之何也吐者外壤食者內壤闕然不見其壤有食（之）者也有內辭也或外

辭也有食之者內于日也其不言食之者何也知其不可知知也

十月之交朔日辛卯日有食之亦孔之醜此四言者詩固載之矣非春秋之辭也不可以為義

八月庚辰宋公和卒

諸侯日卒正也

傳於齊小白卒書日言此不正者日之何也其不正前見矣是以嫡為正庶為不正然諸侯春秋日

卒者十八九未必皆嫡其不日者多曹許杞滕秦吴鄫莒之君曹十一見而得日者二秦六見而得日者一其事固不可盡考然經書曹伯使世子射姑來朝則射姑爲嫡無疑也而後書曹伯射姑卒則不日詩言秦康公母晉獻公之女則康公爲嫡亦無疑也而後書秦伯罃卒則不日若齊小白晉重耳皆不正者也而皆書日小白又以前見爲辭經若實以日辨邪正而正者未必日不正者亦得

日則亦何用設此例以為別乎

癸未葬宋繆公

日葬故也危不得葬也

正者謂不失其時也諸侯五月而葬繆公以八月卒十二月葬既不失時又未嘗有憂危之事何以為危不得葬哉范甯言傳例諸侯時葬正也月葬故也日者憂危最甚不得備禮葬也今繆公之葬可謂備禮矣而反書日推傳意但見時葬者既不

言月無以考其或遲或速故妄意以為正然而鄭穆公以冬十月卒繼書葬則速矣邾莊公以二月卒秋書葬則遲矣是安得為正哉曹莊公以正月卒五月葬衛宣公以十一月卒三月葬此既不失時亦無他事而月葬則未必皆故也齊僖公以十二月卒四月己巳葬陳宣公以十二月卒四月丁亥葬此亦不失時而無他事則以日葬者未必皆危三例無一通者

四年春王二月莒人伐杞取牟婁

傳曰言伐言取所惡也諸侯相伐取地於是始故謹而志之也

謹始說已見公羊穀梁始已言伐言取為所惡又復謂之謹始二義不得相通此亦竊取公羊而附之者也前言所惡者亦非是豈言伐而不言取言取而不言伐者皆善之乎

言取為所惡

戊申衛祝吁弒其君完

大夫弑其君以國氏者嫌也弑而伐之也

非也說見公羊

夏公及宋公遇于清

及者内為志焉爾遇者志相得也

後于宋公衛侯遇于垂則曰不期而會于公羊同

此其說是矣今見公及宋公不敢廢及例故亦以

内為志為言不知凡外遇皆不言及謂邂逅適相

值非有接之者而内遇不可言公宋公遇于清故

以公及為文此乃内外之辨若内為志則是我欲之也豈不期而會乎

秋翬帥師會宋公陳侯蔡人衛人伐鄭

翬者何也公子翬也其不稱公子何也貶之也何為貶之也與以（乎）弑公故貶也

穀梁蓋不知缺三命不以氏見之法故妄言之

九月衛人殺祝吁于濮

稱人以殺殺有罪也祝吁之挈失嫌也其月謹之也

于濮者識失賊也

傳於劉子單子以王猛居於皇曰王猛嬿也謂其不稱王子猛而言王猛也至後書王子猛卒曰失嬿也謂猛未成君不當書卒而書卒以猛死為無嬿也則今言祝吁之挈豈以弒君者不得再見而見之亦以其死而無嬿乎然弒君之賊國既能討自當見經若不書祝吁則何書與王猛之卒不類其說固不通若謂不以國氏而直舉其名為失嬿

則所謂嫌者為其將為君非復公子也今失嫌當復氏公子如王子猛可矣不得反挐其名也此蓋失于國氏之說故後欲救之適以相伐所謂其月謹之者亦非是傳見後書齊殺無知時而不月又不地故以此見月復地濮為失賊而責臣子之緩不知無知殺于國中祝吁殺於衛無知自不應地而祝吁不得不地必識失賊則夫人薨于夷亦識失賊乎秋蔡人殺陳佗此亦可謂失賊而不月十

月楚人殺夏徵舒此殺于國中經以討賊之文書之亦可謂不失賊而書月則復何以為別也

冬十有二月衛人立晉

衛人者衆辭也立者不宜立者也晉之名惡也其稱人以立之何也得衆也得衆則是賢也賢則其曰不宜立何也春秋之義諸侯與正而不與賢也

周官小司寇大詢之禮三詢立君居一其有國者不幸先君無子而聽于國人從衆之所欲立者周

道也石碏以大義討祝吁而正其罪使衛桓公有子則石碏立之矣今外求君逆晉于邢而立之可以見桓公之無子也故特書衛人立晉以一見法以為凡國有子而聽於人固不可若無子而聽國人以為賢者立之則可矣何得謂賢而不宜立乎且諸侯出奔而名所以立二君也今晉自外立若不以名見則固不可云衛人立衛侯以晉之名為惡亦誤矣

春秋[illegible]三傳說

五年春公觀魚于棠

傳曰常事曰視非常曰觀禮尊不親小事畀不尸大功魚畀者之事也公觀之非正也

觀夫〔為〕矢說已見左氏

夏四月葬衞桓公

月葬故也

非也說已見前

九月考仲子之宮

考者何也考者成之也成之為夫人也禮庶子為君為其母築宮使公子主其祭也於子祭於孫止仲子者惠公之母隱孫而修之非隱也

此文本與下初獻六羽相屬公羊穀梁皆誤析為二故傳復以考宮為非隱經有舉下文以見上文者義初不在上文以正下文不得不見如正月牛死而不郊猶三望正月牛死乃不郊本常事不必書以見猶三望故書禘于太廟用致夫人禘于太

廟亦常事不必書以見用致夫人故書則今考仲子之宫非以譏隱亦以見初獻六羽爾仲子不書立宫而書考宫得變之正春秋因與之説已見左氏

初獻六羽

初始也穀梁子曰舞夏天子八佾諸公六佾諸侯四佾初獻六羽始僭樂矣尸子曰舞夏自天子至諸侯皆用八佾初獻六羽始屬樂矣

皆非也說已見公羊

螟

蟲災也甚則月不甚則時

月者志一月而已時則包三月皆在焉當用甚則

時不甚月

宋人伐鄭圍長葛

伐國不言圍邑此其言圍何也久之也伐不踰時戰

不逐奔誅不塡服苞人民毆牛馬曰侵斬樹木壞宮

室曰伐
侵伐者討罪之名最為近正說已見公羊為其用
師之道不至于深故左氏多有言行成而盟者謂
服罪也若非討罪而直以兵相加或戰或圍或入
或滅則宜有前四事矣自各以重書豈有侵伐而
為此者乎齊小白興諸侯侵蔡蔡潰遂伐楚春秋
善之若前則苞人民毆牛馬於蔡後則斬樹木壞
宮室于楚何則以為伯主且是時師但次陘亦安

能壞楚之宮室晋士匄侵齊至穀聞齊侯卒乃還正不得有苞人民敺牛馬之事矣春秋書伐而圍邑者凡四無有久師之義蓋見圍長葛書取以為經年不解故云爾

六年春鄭人来輸平

輸者隳也平之為言以道成也来輸平者不果成也非也說已見公羊

此行應低一字

七年春王三月叔姬歸于紀

其不言逆何也逆之道微無足道焉爾

非也說已見公羊

滕侯卒

滕侯無名少曰世子長曰君狄道也其不正者名也春秋中國諸侯而習用夷禮者未嘗不因文以見貶杞近淮夷故因時王降爵稱子介近東夷故介葛盧來不言朝未有無見者也滕在齊魯之間與夷狄不相接固無習用其禮之道使誠有之經安

得無異文哉滕子卒而見經者七成公原悼公寍
頃公結隱公虞母皆以名見其不以名見者昭公
文公與此而已傳豈以滕初以侯爵見後又書滕
侯來朝而自昭公以下四書皆子以為降爵如杞
哉然而經書侯而不名是亦為用夷道可也何以
不降爵則滕之為子宜自別有罪未知如杞也且
言不正者名則前四公名者皆不正矣傳例諸侯
日卒正也而四公皆日卒又何以為不正乎經於

諸侯卒惟秦五見而四不名次則滕亦七見而三不名意遠國小國皆不能具禮以名赴故經不得書而公羊亦謂秦而〔為〕夷言匿嫡之名與傳之意同皆妄信其所聞而不審者也

夏城中邱

城為保民為之也民衆城小則益城益城無極凡城之志皆譏也

城既以保民為之則民衆城小不得不益城也何

為凡城之志皆譏哉或當城而城不失其時者自不應書或非所城而城然後見經則所謂凡城之志皆譏者固是矣但不如傳所言爾

齊侯使其弟年來聘

諸侯之尊弟兄不得以屬通其弟云者以其來接於我舉其貴者也

言來接於我舉其貴者也其失與紀履緰同此蓋謂聘者大夫之事年未得為大夫而以其弟貴

春秋穀梁傳讀

之使任大夫之事故譏爾

冬天王使凡伯來聘戎伐凡伯于楚丘以歸

凡伯者何也天子之大夫也國而曰伐此一人而曰伐何也大天子之命也戎者衛也戎衛者為其伐天子之使貶而戎之也楚丘衛之邑也以歸猶愈乎執也

以戎為衛其失與公羊以茅戎為晉同經書王人於諸侯之上所以尊王也若其人不足以將事亦

不得以王人掩其惡雖天王敗績于茅戎且不諱凡伯何足以大哉其謂之伐正以著其有罪見侮於我左氏蓋言其事矣經有書滅而以歸者有書敗而以歸者有書伐而以歸者其實皆執也各舉其重故不言執而執則直執之而已事固不同伐何愈於執也

八年春

三月鄭伯使宛來歸邴

春秋穀梁傳讀

名宛所以貶鄭伯惡於地也

紀履綸以名為進鄭宛以名為貶若實微者如宋萬則進與貶何從見乎

庚寅我入邴

入者内弗受也日入惡入者也邴者鄭伯所受命於天子而祭泰山之邑

諸侯相陵暴而入其國未有善者也傳固為苟焉

以入人者人亦入之矣又安用以日別其惡乎

夏六月乙亥蔡侯考父卒

諸侯日卒正也

非也說已見宋公和卒

辛亥宿男卒

宿微國也未能同盟故男卒也

非也說已見及宋人盟若以未同盟言之則隱書滕侯卒桓書滕子卒豈同盟者哉

秋七月庚午宋公齊侯衛侯盟于瓦屋

外盟不日此其日何也諸侯之參盟於是始故謹而日之也詛誓不及五帝盟詛不及三王交質子不及二伯

周官司盟凡邦國有疑則於會同請於王而盟諸侯非無盟也特不得擅相盟爾若責其擅相盟則内而公及宋人盟于宿外而齊侯鄭伯盟于石門亦盟矣何不謹其始必待於參盟乎且擅盟會與擅征伐孰重宋公陳侯蔡人衛人伐鄭此以四國

同伐不謹其始而謹於參盟亦倒置矣蓋外盟皆不日適此見日故傳為之說舜命禹征有苗禹乃會群侯誓于師誥誓非不及五帝司盟曰有訟獄者則使之盟詛呂刑言罔中於民以覆詛盟事在三苗則盟詛非不及三王以為說尤妄矣

八月葬蔡宣公

月葬故也

非也說已見葬宋繆公宣公卒葬三傳皆不載其

事但以三月葬見其速爾推此可見傳凡所謂故者皆未必有實迹特牽其例而强推之也

九月辛卯公及莒人盟于包來

可言公及人不可言公及大夫

子男之大夫一命不得以名見故稱人則凡小國而稱人者皆大夫也何言不可及大夫傳但見前言及宋人盟故例以為外卑者不知各以其國推之也

冬十有二月無侅卒
無侅之名未有聞焉或曰隱不爵大夫也或說曰故
貶之也
非也說見後俠卒
九年春天王使南季來聘
南氏姓也季字也聘問也聘諸侯非正也
周官天子時聘以結諸侯之好諸侯非無聘也范
甯嘗言之矣

[illegible]作讀

三月癸酉大雨震電

震雷也電霆也

疾雷為霆電非霆也

庚辰大雨雪

志疏數也八日之間再有大變陰陽錯行故謹而日之也雨月志正也

言志疏數則非謹日陰陽錯行疏數自不得不見日傳見僖公書六月雨故以為志正此蓋無待於

書月者非與此別正不正月也

佚卒

佚者所佚也弗大夫者隱不爵大夫也隱之不爵大夫何也曰不成為君也

公羊穀梁不知諸侯卿大夫士之制吾于公羊言之矣今穀梁於公子彄言先君之大夫於無侅佚言隱不爵大夫而謂爵不氏為弗大夫是亦以大夫則氏非大夫則不氏其失與公羊同所謂不爵

大夫者不請於天子也且為國固未有無大夫者隱既已即位南面稱公凡盟會征伐之事所以為君者無不任之矣何待不爵大夫而後見其不成為君者有讓桓之志以桓推之大夫之見經者惟公子翬與柔二人而已傳前以翬為貶弑公而不氏則翬固當以氏見而先君之大夫矣柔為未命之大夫則桓非不成為君者亦何以不爵柔乎

十年

六月壬戌公敗宋師于菅

内不言戰舉其大者也

内戰與外異辭内諱敗不可言及某師戰某師敗績故内敗言戰而已傳以為内不言戰言戰則敗者是也此内敗外言敗某師不得言敗為大于戰則不得云内不言戰舉其大者若戰不勝而敗亦豈非大者何為而不舉乎當云内不言敗舉其勝者也則可矣不言戰者不言及某師戰也不言敗

者不言某師敗績也

辛未取郜

辛巳取防

取邑不日此其日何也不正其乘敗人而深為利取

二邑故謹而日之也

傳言日之義雖與公羊異而其失與公羊同說已

見公羊

宋人蔡人衛人伐載鄭伯伐取之

不正其因人之力而易取之故主其事也

　非也說已見公羊

冬十月壬午齊人鄭人入郕

入者內弗受也日入惡入者也郕國也

　非也說皆已前見

十有一年春滕侯薛侯來朝

天子無事諸侯相朝正也考禮修德所以尊天子也

諸侯來朝時正也特言同時也累數皆至也

傳不知累數為旅見故以皆至為正此蓋蔽于朝時之例以為既以時見則非同日並朝然經書朝有志時者有志月者以志時為正可也志月如桓書七月紀侯来朝以朝桓為不正亦可也若文書正月杞伯来朝杞自子而進伯不得為不正又書秋杞伯來朝八月邾子来朝二朝連書等為朝成一志時一志月則何以辨其正不正乎蓋傳見志月多在滕杞邾曹之君意其小國遠國不足於禮

者故為天子無事諸侯相朝考禮修德之論以裁
之諸侯相朝周之末造也且修五禮天子巡守之
事亦何取于諸侯此乃附會欲成其說而不悟禮
之所無有也

冬十有一月壬辰公薨

公薨不地故也隱之不忍地也其不言葬何也君弑
賊不討不書葬以罪下也隱十年無正隱不自正也
元年有正所以正隱也

桓書薨于齊亦故也傳曰其地于外也是在境外則地國中則不地矣臣子之于君致其大義爾隱公之弑固義見於不葬以責臣子經不必私志其隱若以薨不得其正在國中猶隱之則在境外尤所當隱者也何為反忍而地之乎

春秋穀梁傳讞卷一

春秋穀梁傳讞

宋　葉夢得　撰

卷二

桓公

元年春王

桓無王其曰王何也謹始也其曰無王何也桓弟弑兄臣弑君天子不能定諸侯不能救百姓不能去以為無王之道遂可以至焉爾元年有王所以治桓也

言桓無王是矣以為無王之道遂可以至焉爾則是不治桓而專責周之無王也春秋豈以是見法乎衛州吁弑其君厚問定君於石子石子曰王覲為可弑君之惡不容誅矣然而請罪王或與之而立是猶有王也今桓終身不朝則豈復知有王哉元年二年有王者以其猶在喪未得朝未知其朝與否故書王以待之至三年免喪而不朝然後見其無王而不書王以元年有王為治桓者亦非也

鄭伯以璧假許田

假不言以言以非假也非假而曰假諱易地也禮天子在上諸侯不得以地相與也無田則無許可知矣不言許不與許也許田者魯朝宿之邑也邴者鄭伯之所受命而祭泰山之邑也用見魯之不朝於周而鄭之不祭泰山也

以璧假許田則知假者不以邴矣假者暫得之名也若邴與許田直言假而不言與亦足以諱易地

矣何用以璧見之乎如傳言乃謂鄭伯實不以璧假經為內諱而設為之辭理豈有是哉若以鄭諱易地而託璧以隱其過則以邴假亦易矣以璧假亦易也何補于諱此蓋傳誤謂邴許交相易故妄為之說而訖不能了說已見左氏

冬十月

無事焉何以書不遺時也春秋編年四時具而後為年

所謂不遺時者言所以謹天時不以有事無事為詳畧可也若曰春秋編年四時具而後為年此乃史官之事春秋豈編年之書而桓何以再闕秋冬二時定何以闕一時乎

二年春王正月戊申宋督弑其君與夷

桓無王其曰王何也正與夷之卒也

非也說已見前所以無王者正以治桓也宋自弑君何與於魯而反釋桓以正之春秋弑君未嘗一

　以魯詒使桓不書王豈害與夷之卒哉

及其大夫孔父

孔父先死其曰及何也書尊及卑春秋之義也孔父之先死何也督欲弒君而恐其不立于是乎先殺孔父孔父閑也何以知其先殺孔父也曰子既死父不忍稱其名臣既死君不忍稱其名以是知君之累之也孔氏父字謚也或曰其不稱名蓋為祖諱也孔子故宋也

春秋未有賢大夫而以謚見者禮君前臣名安得名與夷而謚孔父若如後說春秋公天下後世之書豈爲宋設而區區爲其祖諱且禮卒哭乃諱諸侯以木鐸命于宮曰舍故而諱新謂有當諱者故逮事父母則諱王父母不逮事父母則不諱王父母恩有殺也孔父若法在所諱去孔子亦遠矣猶不得諱而況于不當諱乎此不知宋有四命之大夫而妄爲之說也

三月公會齊侯陳侯鄭伯于稷以成宋亂

以者內為志焉爾公為志乎成是亂也此成矣取不成事之辭而加之焉於內之惡而君子無遺焉爾

成者平也江熙之言是矣成宋亂猶言行成求成為宋亂欲討其罪而與之平也凡經書會未有目事者唯宋閒見之蓋為二王之後言此初無成矣而後不然故挈之以示貶爾若責其納賂罪自在後方會之時尚未知豈可遽加以不成事之辭乎

傳例以者不宜以也今曰以成宋亂何不言不宜以為内諱之辭而反謂之君子不遺内志乎

夏四月取郜大鼎于宋戊申納于太廟

桓内弑其君外成人之亂受賂而退以事其祖非禮也其道以周公為弗受也郜鼎者郜之所為也曰宋取之宋也以是為討之鼎也孔子曰名從主人物從中國故曰郜大鼎也

傳例以入為内弗受今于納亦云蓋公羊穀梁皆

以入納通為一辭故云爾納者加之意而必入之辭也猶曰出納五言九江納錫大龜之類何用見其弗受而以周公言之若然則納幣亦弗受乎

秋七月紀侯来朝

朝時此其月何也桓内弑其君外成人之亂於是為齊侯陳侯鄭伯討數日以賂巳即是事而朝之惡之故謹而月之也

非也説已見前審以桓為非所當朝則前書滕子

来朝蒙上文正月此始朝也何為不謹至紀侯而始謹之乎紀侯以一朝為罪則六年而再朝其罪又宜重於前反書冬紀侯来朝而不月是乃為正者乎

冬公至自唐

桓無會而其致何也遠之也

經書至各以其實無所加損吾于公羊言之矣自公羊為致會致伐及桓會不致之論其說已乖戾

至穀梁猶紛然爲例愈多而愈不可考且言桓無會者謂無致會也其意若謂桓罪不可見宗廟故春秋絶之不以致今唐復以遠而得致豈近則不可見宗廟遠則可見宗廟乎唐杜預謂即棠魯地也公始會鄭伯于垂垂衛地也不遠垂而遠唐此何義哉凡致自莊僖以後方屢見於經隱不致于爲君固無見矣而桓纔二見莊纔四見蓋以遠則畧以近則詳或有告有不告爾別爲義者皆妄也

三年

夏齊侯衛侯胥命于蒲

胥之為言猶相也相命而信諭謹言而退以是為近古也是必一人先其以相言之何也不以齊侯命衛侯也

非也說已見左氏

公子翬如齊逆女

逆女親者也使大夫非正也

逆女非親逆翬之書譏以公子行爾説已見公羊

公會齊侯于讙

無譏乎曰爲禮也齊侯來也公之逆而會之可也

此與前公會齊侯于嬴同文安知其爲無譏齊侯既不得親送女則公亦不得即爲會其罪均矣何何以爲禮此葢誤以公當親迎故也

夫人姜氏至自齊

其不言翬之以來何也公親受之于齊侯也子貢曰

冕而親迎不已重乎孔子曰合二姓之好以繼萬世之後何謂已重乎

子貢所謂冕而親迎者謂初婚之夕服其服而往御輪而反之時也未婚而逆之他國何冕之云此蓋未知孔子所以言也

四年春正月公狩于郎

四時之田皆為宗廟之事也春曰田夏曰苗秋曰蒐冬曰狩四時之田用三焉唯其所先得一為乾豆二

石林燕語作[illegible]

為賓客三為充君之庖

田蒐二名與周禮皆不合穀梁盖亦未嘗見周禮與公羊同矣言狩而列數四時田之名其意若謂狩冬事而以春正月與之以為失時而譏不知周之正月乃夏之十一月正謂得時所以書者特以于郎遠而非其地爾大抵傳記四時悉據夏正如下八年正月烝曰烝冬事也春興之志不時也之類皆是矣不知迷而勿悟何以至此

五年春正月甲戌己丑陳侯鮑卒

鮑卒何為以二日卒之春秋之義信以傳信疑以傳疑陳侯以甲戌之日出己丑之日得不知死之日故舉二日以包之

非也說以見左氏春秋非傳疑吾于公羊言之矣且國君出未有挺身而徒行者其往亦必有所止矣如傳言甲戌之日出己丑之日得則出無與從往無與止是野死也安有國君而獨野死者乎

天王使任叔之子來聘

任叔之子者録父以使子也故微其君臣而著其父

子不正父在子代仕之辭也

言任叔之子則知其非大夫也此蓋譏天王私任叔之子而任以大夫之事與言使王季子來聘同意禮無必父殁而子始仕之道若父老而録父使子代之仕是亦大夫也父雖在乃禮之常不得為不正何用著其父子哉今曰天王使任叔之子則

義蓋在使而著天王者亦不得云微其君臣也

秋蔡人衛人陳人從王伐鄭

舉從者之辭也其舉從者之辭何也為天王諱伐鄭也鄭同姓之國也在乎冀州於是不服為天子病矣舉從者之辭為天王諱伐鄭是矣然非病鄭之不服也古者天子討而不伐諸侯伐而不討討命之也伐親之也亦有討而謂之伐爲以所討而命之伐也大司馬九伐之法是已必有大事焉然後王

出而親征周官謂之大師諸侯一不朝則貶其爵再不朝則削其地三不朝則六師移之而已非王所親征也而鄭伯以王奪其政而不朝王遂親伐之則失其為主之義矣故不書天王伐鄭而舉三國之從者言之不以天王敵鄭非以鄭病天王也

六年

秋八月壬午大閱

大閱者何閱兵車也修教明諭國道也平而修戎事

非正也其日以為崇武故謹而日之蓋以觀婦人也大閱以非時書說已見公羊何以見其觀婦人使不觀婦人固不可非時而舉矣既曰平而修戎事為非正又以書日為崇武是反與之也安有觀婦人而與其崇武者乎蓋以莊書甲午治兵為侯陳人蔡人能以嚴終書日故此亦以書日而一其說

蔡人殺陳佗

不知自相伐也

春秋穀梁傳讞

陳佗者陳君也其曰陳佗何也匹夫行故匹夫稱之也其匹夫行奈何陳侯憙獵淫獵于蔡與蔡人争禽蔡人不知其是陳君也而殺之何以知其是陳君也兩下相殺不道其不地於蔡也

非也說已見公羊諸侯即位未踰年稱子未成其為君也踰年稱爵成之為君也佗雖踰年而以篡立法不得為君故與衛州吁齊無知同以名繫國此經之常文也詩墓門所以亦言刺陳佗豈經以

匹夫行貶而名乎傳初不悟此但見陳君而謂之陳佗因妾為之說附會以淫獵之事且以兩下相殺起問亦非是蔡人云者猶殺夏徵舒言楚人同與之以討賊之辭也何與于兩下相殺哉

九月丁卯子同生

疑故志之時曰同乎人也

太子國之儲貳内女稼猶書豈太子生而不書其獨見于桓公者說已見公羊以為志疑陋矣謂莊

公為齊侯之子此當時國人之言惡文姜之辭也

經何疑焉其謂同為同乎人是蓋不知莊公之名

且內敗傳猶以為諱而不言安有疑先君同於他

人反顯言而斥之乎

七年春二月己亥焚咸丘

其不言邾咸丘何也疾其以火攻也

非也說已見公羊

夏穀伯綏來朝鄧侯吾離來朝

其名何也失國也失國則其以朝言之何也嘗以諸
侯與之接矣雖失國弗損吾異日也
此言幾近之矣而未盡也說見公羊

八年春正月已卯烝
烝冬事也春興之志不時也
非也說已前見

夏五月丁丑烝
烝冬事也春夏興之黷祀也志不敬也

此譏不時非黷祀也說已見公羊

祭公來遂逆王后于紀

其不言使焉何也不正其以宗廟之大事即謀於我故弗與使也遂繼事之辭也其曰遂逆王后故畧之也或曰天子無外王命之則成矣

祭公不言使說已見公羊不正其即謀于我其義在遂不在不言使也

十年春王正月庚申曹伯終生卒

桓無王其曰王何也正終生之卒也

非也其失與弒與夷同十年數之成也不以桓之無王而使周王終十年而不得見故一著之耳

冬十有二月丙午齊侯衛侯鄭伯來戰于郎

來戰者前定之戰也內不言戰言戰則敗也不言其人以吾敗也不言及者為內諱也

經凡內書自外至皆言來來非前定之辭別內外也此言來戰正以不期而至故不言及而傳反之

蓋其例以疑戰不日而此日故云爾

十有一年

九月宋人執鄭祭仲

宋人者宋公也其人何也貶之也

傳例稱人以執大夫者執有罪也則宋公安得為貶乎其說自相伐矣當如公羊以侯執為伯討以人執為非伯討是也

突歸于鄭

曰突賤之也曰歸易辭也祭仲易其事權在祭仲也死君難臣道也今立惡而黜正惡祭仲也

突雖公子其不以氏見亦未三命爾其不氏國盖不與其得鄭爾名者所以別忽非以見賤也若或責之則又可以不名乎

鄭忽出奔衛

鄭忽者世子忽也其名失國也

鄭忽已君矣而未踰年於法當稱子而不稱子者

貶其見逐於祭仲而不能子也若曰失國而名則曷為不言鄭子忽乎

柔會宋公陳侯蔡叔盟于折

柔者何吾大夫之未命者也

大夫無不命者說已見公羊

十有二年

丙戌衛侯晉卒

再稱日決日義也

諸侯卒月下有事而不得以日繫月者惟晉耳傳以諸侯日卒為正晉非正則不嫌於不日何用再稱日以決日義乎以此見春秋謹於正終凡諸侯卒未有不日者不幸不得日則闕之非春秋之得已也故此不以蒙上文而再見日以為決日義者妄矣

十有二月及鄭師伐宋丁未戰于宋

非與所與伐戰也不言與鄭戰恥不和也於伐與戰

敗也內諱敗舉其可道者也

此戰而言伐嫌辭也公羊之言是矣經先書伐而後言戰所以嫌於與鄭戰而異其文傳猶誤讀之宜其有不能詳於經也

十有三年春二月公會紀侯鄭伯己巳及齊侯宋公衛侯燕人戰齊師宋師衛師燕師敗績

其言及者由內及之也其曰戰者由外言之也戰稱人敗稱師重衆也其不地於紀也

經書敗績未有不舉師者傳言重衆者是也故貴而君將如宋公及楚人戰于泓宋師敗績賤而卑將如晉侯齊師宋師秦師及楚人戰于城濮楚師敗績之類其辭一施之此經之常文不獨爲燕志也傳蓋見莊書齊人伐衞衞人及齊人戰衞人敗績一稱人故疑以爲燕將卑師衆稱師衞將卑師少稱人不知衞自以黨王子頹見貶燕若言衆何爲先不即稱燕師乎不地蓋地于魯非紀也公羊

之言是也

十有四年

秋八月壬申御廩災乙亥嘗

御廩之災不志此其志何也以爲唯未易災之餘而

嘗可也志不敬也天子親耕以共粢盛王后親蠶以

共祭服國非無良農工女也以爲人之所盡事其祖

禰不若以己所自親者也何用見其未易災之餘而

嘗也曰甸粟而納之三宮三宮米而藏之御廩夫嘗

必有蒐甸之事焉壬申御廩災乙亥嘗以為未易災之餘而嘗也

非也說已見左氏御廩之災不志此亦非可以為例御廩非常災也使其有災雖雉門兩觀猶書豈宗廟粢盛之藏反不書乎

宋人以齊人蔡人衛人陳人伐鄭

以者不以者也民者君之本也使人以其死非正也

以之為言用也將也制之在我也其施之各不同

善不善則視其事不可槩以為例也故以夫人姜氏至自齊則與以王猛居于皇之以異以齊人蔡人衛人陳人伐鄭則與以蔡侯獻舞歸之以異是特言用之在我而已

十有五年

五月鄭伯突出奔蔡

譏奪正也

非也說已見公羊穀梁葢不知其義故於鄭忽名

為失國鄭突名為奪正衛朔名為天子名而不往
其說終不能一　經於諸侯出奔未有不名非貶
也別二君爾以突為奪正凡正而名者為可奪乎

鄭世子忽復歸于鄭

反正也

忽之反正在稱世子不在書復歸公羊之言是矣
蓋傳例以復為復中國歸為歸其所故誤云爾其
意謂忽當稱世子故不為義於前出奔直曰鄭忽

鄭世子其名失國而已不知君薨不稱世子今莊公之喪已除忽為未踰年之君既不可稱世子法又不可冒稱爵經特變文復以世子稱之所以見其正復歸非所志也

許叔入于許

許叔許之貴者也莫宜乎許叔其曰入何也其歸之道非所以歸也

公羊穀梁言歸入之義皆不盡其理吾說已見公

羊此盖亦拘其入為内弗受之説故旣謂莫宜乎許叔又以歸非其道反之展轉以成其説爾然則蔡侯盧歸於蔡陳侯吳歸于陳豈歸以其道者乎

冬十有一月公會宋公衛侯陳侯于襄伐鄭

地而後伐疑辭也非其疑也

疑是襄字

襄宋地盖宋公先與諸侯為會以謀鄭而後伐之故先書會後書伐此事之序非譏其疑也

十有六年

秋七月公至自伐鄭

桓無會其致何也危之也

非也説已見前

十有八年春王正月公會齊侯于濼公與夫人姜氏遂
如齊

濼之會不言及夫人何也以夫人之伉弗稱數也

濼之會夫人或同行而不同會或不同行而後召
之皆自不應見何以必其同會而不書乎夫人之

伉蓋在下文公與夫人遂如齊變及為與見其兩相從而不能制若謂會以伉沒夫人而弗稱數則如齊又伉於會何為復見夫人而稱數乎

冬十有二月己丑葬我君桓公

葬我君接上下也君弑賊不討不書葬此其言葬何也不責踰國而討於是也桓公葬而後舉謚謚所以成德也於卒事乎加之矣知者慮義者行仁者守有此三者備然後可以會矣

父之讐不與共戴天踰國而不責其討非所以為義也據桓公薨於齊魯人初未知夫人之與弑謂齊殺之而已故以彭生為討而齊為之誅彭生則魯臣子之義已盡矣此桓公之所以書葬也夫人與乎弑蓋久而後聞焉何以知之桓公以四月喪歸明年三月書夫人孫于齊此夫人懼罪出奔之辭也使桓公喪歸夫人之罪即聞則必不敢與之俱歸歸亦不敢安于魯如是其久也期年而後見

奔非夫人之罪至是而始聞乎經固不得於葬預
責其臣子公羊穀梁皆不能知此於孫各為異義
又併于葬失之

春秋穀梁傳讞卷二

春秋穀梁傳讞

卷三

宋　葉夢得　撰

莊公

元年春

三月夫人孫于齊

孫之為言猶孫也諱奔也接練時録母之變始人之也不言氏姓貶之也人之於天也以道受命於人也

以言受命不若於道者天絶之也不若於言者人絶之也臣子大受命

此說與公羊雖異而其失同說已見公羊 公羊以爲念母猶之可也今言録母之變而始人之是莊公前此不人其母矣母雖有罪子可不以爲人乎

夏單伯逆王姬

單伯者何吾大夫之命乎天子者也命大夫故不名也其不言如何也其義不可受於京師也其義不可

受於京師何也曰躬君弒於齊使之主婚姻與齊爲
禮其義固不可受也
非也説皆見公羊　此失與公羊以不稱使起問
者同説已見公羊穀梁以築館於外爲得變之正
而罪單伯爲不可受於京師其義亦倒置矣
秋築王姬之館于外
築禮也於外非禮也築之爲禮何也主王姬者必自
公門出於廟則已尊於寢則已卑爲之築節矣築之

外變之正也築之外變之為正何也仇讎之人非所以接婚姻也衰麻非所以接弁冕也其不言齊侯之來逆何也不使齊侯得與吾為禮也

莊公築館知仇讎之人非所以接婚姻故於外以遠之是謂在國外則可在國中則不可其亦以五十步笑百步者也尚安得為正乎所謂正者權之以義而不失乎禮者也若終失於禮則何正之有哉逆者單伯之事也齊侯即館以成禮於我尚何

逆乎諸侯更相娶先逆女於其國至而後親迎天子嫁女於諸侯爲之主者逆之至於國中而諸侯即之以親迎故天子之女有築館諸侯之女無築館

王使榮叔來錫桓公命

禮有受命無來錫命錫命非正也生服之死行之禮也生不服死追錫之不正甚矣

言追錫之不正是也禮無言不得錫命者諸侯即

位免喪有故不能朝則天子有時而錫命蓋不失其為君之節也如閔公即位八歲襄公即位四歲安能待其朝而受命乎以命為服亦非是說已見公羊

齊師遷紀郱鄑郚

紀國也郱鄑郚國也或曰遷紀於郱鄑郚

郱鄑郚蓋紀之三邑說已見公羊

二年

夏公子慶父帥師伐於餘邱

國而曰伐於餘邱邾之邑也其曰伐何也公子貴矣師重矣而敵人之邑公子病矣病公子所以譏乎公也其一曰君在而重之也

於餘邱國也說已見公羊內有為公為辭者矣未有為公子為辭者也且伐邑亦必以其國之故如伐邾取須句之類未必伐邾而後取須句蓋取須句所以伐邾也故繫之於邾亦安有不因其國而

直伐其邑哉其曰君在者亦竊取公羊之說而附之者也

三年春王正月溺會齊侯伐衛

溺者何也公子溺也其不稱公子何也惡其會仇讐而伐同姓故貶而名之也

溺不稱公子其義與無駭同且後言公會齊人宋人陳人蔡人伐衛此亦公與仇讐伐同姓也雖不應伐尚不没公以見貶今衛若有罪何爲不得會

齊而伐哉

夏四月葬宋莊公

月葬故也

非也未見宋之有故也

五月葬桓王

傳曰改葬也改葬之禮緦舉下緬也或曰郤尸以求諸侯天子志崩不志葬必其時也何必焉舉天下而葬一人其義不疑也志葬故也危不得葬也曰近不

失崩不志崩失天下也獨陰不生獨陽不生獨天不生三合然後生故曰母之子也可天之子也可尊者取尊稱焉卑者取卑稱焉其曰王者民之所歸往也非也說已見公羊　志崩不志葬說已見公羊襄王以文八年八月崩九年二月書葬此不失其時而非故者也何為而志葬哉桓十五年書天王崩即桓王也既曰改葬又曰郤尸以求諸侯而謂之不志崩可乎　古禮未有言母子者此不足以為

説

秋紀季以酅入于齊

酅紀之邑也入于齊者以酅事齊也入者内弗受也紀季以酅入於齊非遷酅也屬之於齊而已此言入者猶言歸也是必先請於齊而後齊納之若内弗受則經安得書入乎

四年

紀侯大去其國

大去者不遺一人之辭也言民之從者四年而後畢也紀侯賢而齊侯滅之不言滅而曰大去其國者不使小人加乎君子

紀季以酅入于齊所以請後五廟以存姑姊妹公羊之說是也紀本不滅安得言滅哉滅而言大去是反諱滅之罪不見乃所以使小人加乎君子也傳言大去若言大空者故以為不遺一人之辭齊本以疆欲兼紀若使四年之間民盡空國而去不

遺一人齊不之禁亦安用得紀也

六月乙丑齊侯葬紀伯姬

外夫人不書葬此其書葬何也吾女也失國故隱而葬之

伯姬所以書葬者義在齊侯葬之非經隱其失國而書也

六年春王二月王人子突救衛

王人卑者也稱名貴之也善救衛也救者善則伐者

不正矣

子突猶言宋子哀稱子則字矣非名也何休之言

是矣

夏六月衛侯朔入於衛

其不言伐衛納朔何也不逆天王之命也入者内弗
受也何用弗受也爲以王命絶之也朔之名惡也朔
入逆則出順矣朔出入名以王命絶之也

傳不辨入納之義其失與公羊同故以不言伐衛

納朔起問此不足問者也傳始以莒人入向為入例言内弗受是以向實不受莒而非義也既而以入納周為一辭及納郜鼎於太廟知其不可通故為其道為周公弗受之說至是衛朔入衛則朔已君矣又知其不可通故復妄為王命絕之之辭展轉相救而其辭愈枝若然則為入者在義而不在實也使傳而知此則入之為義豈特内弗受而已哉吾於公羊蓋言之矣

人杞棄之使譏

秋公至自伐衛

惡事不致此其致何也不致則無用見公之惡事之成也

既言惡事不致是諱之也復謂見惡之成而致則致不致將孰辨乎此亦知其不可通而妄為之辭者也

冬齊人來歸衛寶

以齊首之分惡於齊也使之如下齊而來我然惡戰

則殺矣
前伐衛先齊侯則齊主兵矣故今齊人以衛寶來歸此齊欲分惡於我非我分惡於齊而以齊首之也所謂使之如下齊而來我者是豈衛實歸寶於我而經變易事創以齊人言之乎

七年

夏四月辛卯昔恒星不見夜中星隕如雨
恒星者經星也日入至於星出謂之昔不見者可見以

見也夜中星隕如雨其隕也如雨是夜中與春秋著以傳著疑以傳疑中之幾也而曰夜中著焉爾何用見其中也失變而録其時則夜中矣其不曰恒星之隕何也我知恒星之不見而不知其隕也我見其隕而接於地者則是雨說也著於上見於下謂之雨著於下不見於上謂之隕豈雨說哉

傳讀如為而其失與左氏同說已見左氏著於上見於下謂之雨固不可言雨星何害其言如雨哉

著於下不見於上謂之隕固不可言隕星何害其
言星隕哉

八年春

甲午治兵

出曰治兵習戰也入曰振旅習戰也治兵而陳蔡不至矣兵事以嚴終故曰善陳者不戰此之謂也善為國者不師善師者不陳善陳者不戰善戰者不死善死者不亡

春秋纂類[illegible]

治兵秋田之事振旅春田之事大閱冬田之事此皆於農隙習兵之出入者也傳蓋亦未見周禮意若以兵出於外而習戰曰治兵入於內習戰曰振旅故謂壬午大閱而修戎為非正而此侯陳人蔡人為兵事以嚴終不知此亦託不得已於齊故於周正春而與夏正冬之事書爾師出而後治之此春秋諸侯之所為楚欲圍宋而子文治兵於睽之類是也是何足言而謂之嚴終乎

夏師及齊師圍郕郕降于齊師

其曰降於齊師何不使齊師加威於郕也齊之欲郕久矣至是强得之與齊人降鄣無異前已言圍郕則今不可復言齊人降郕故加之齊師則見其力脅義同而文異也使齊實加威於郕經乃爲之變文而不言則何以正齊之罪哉

秋師還

還者事未畢也遯也

公孫歸父還自晉至笙遂奔齊還者事已畢之辭也公如晉至河有疾乃復復者事未畢之辭也事畢則善而與之者也晉士匄率師侵齊至穀聞齊侯卒乃還是也事未畢則惡而貶之者也公孫敖如京師不至而復是也傳顛倒二義故於此謂之遯且郲降矣安得為事未畢蓋其意以為魯無意於從齊不卒事而去故郲降於齊若然則經安得書於郲降之後乎此於常文當書公至自圍郲今

不書至而書還春秋師出志還者惟是一見爾固

非遯也善其不争郕也

冬十有一月癸未齊無知弑其君諸兒

大夫弑其君以國氏者嫌也弑而代之也

非也說已見前

九年春齊人殺無知

無知之挈失嫌也稱人以殺大夫殺有罪也

非也說已見前無知非大夫也不得用大夫例公

羊曰討賊之辭也

公及齊大夫盟于曁

公不及大夫大夫不名無君也盟納子糾也不日其盟渝也當齊無君制在公矣當可納而不納故惡内也

非也說已見左氏

夏公伐齊納糾

當可納而不納齊變而後伐故乾時之戰不諱敗惡

內也

不諱敗說已見公羊穀梁前言與讎接婚姻且譏之今不能納讎子而反以為惡內可乎

齊小白入于齊

大夫出奔反以好曰歸以惡曰入齊公孫無知弑襄公公子糾公子小白不能存出亡齊人殺無知而迎公子糾于魯公子小白不讓公子糾先入又殺之於魯故曰齊小白入于齊惡之也

傳變入例與歸並言而別大夫蓋近之矣而未盡也以歸為好不可施之鄭突以入為惡不可施之許叔故復變歸為易而以入為非所歸然其言終不可通吾說見公羊

九月齊人取子糾殺之

外不言取言取病内也取易辭也猶曰取其子糾而殺之云爾十室之邑可以逃難百室之邑可以隱死以千乘之魯而不能存子糾以公為病矣

此我與齊皆病之辭也齊不先取我安得與齊可
獨無罪乎

十年春王正月公敗齊師于長勺

不日疑戰也疑戰而曰敗勝内也

經書敗某師者七同一辭皆外敗也書及某師戰
者四同一辭皆内敗也本不別偏戰詐戰傳既以
内不言戰發例以舉其大者為内勝言戰者為内
敗矣今復見内勝七獨此與乘邱侵不日遂別以

為疑戰可也長勺三鼓而後戰則皆陳矣謂之疑戰可乎

二月公侵宋

侵時此其月何也乃深其怨於齊又退侵宋以衆其敵惡之故謹而月之

侵例或時或月本不齊傳見書時者多故從以為定例然内侵如定六年二月侵鄭八年正月侵齊之類外侵如僖四年正月會齊侯諸國侵蔡十二

月會齊人等侵曹之類皆不為說則何惡乎

三月宋人遷宿

遷亡辭也其不地宿不復見也遷者猶未失其國家以往者也

有自遷者有遷之者皆未失其國家以往者也自遷者以巳國為文如邢遷於夷儀之類遷之者以人為文如齊人遷陽之類自遷者必見其地故地遷之者以遷人為罪義不在地故不地今傳見宿

不地遂以為失其國家而不復見謂之亡辭若然

乃滅也安得為遷乎

夏六月齊師宋師次于郎

次止也畏我也

此不名其所往而止于郎非畏我也

公敗宋師于乘邱

不日疑戰也疑戰而曰敗勝内也

非也說已見前

秋九月荆敗蔡師于莘以蔡侯獻武歸

荆者楚也何為謂之荆狄之也何為狄之聖人立必後至天子弱必先叛故曰荆狄之也蔡侯何以名也絶之也何為絶之獲也中國不言敗此其言敗何也中國不言敗蔡侯其見獲乎其言敗何也釋蔡侯之獲也以歸猶愈乎執也

荆非狄也名非絶也以歸非愈乎執也三說皆已見前君獲不言師敗績此春秋之法也今先言敗

蔡師則獻武固非獲服而囚虜爾傳以蔡侯名起問其意本謂秦獲晉侯不名謂中國不諱獲故見獲而不言名夷狄諱獲故見名而不言獲然不知名實重於不名以歸實重於獲又何足以為中國諱哉

十有二年春王三月紀叔姬歸于酅

國而曰歸此邑也其曰歸何也吾女也失國喜得其所故言歸焉爾

紀季以酅入於齊此屬之以為附庸是乃國也安
得言邑哉謂得其所故言歸亦妄也

秋八月甲午宋萬弑其君捷

宋萬宋之卑者也卑者以國氏

非也說已見前

十有三年春齊人宋人陳人蔡人邾人會于北杏

是齊侯宋公也其曰人何也始疑之何疑焉桓非受
命之伯也將以事授之者也曰可矣乎未可舉人衆

之辭也
此說無據蓋特以書人為衆辭而妄意云爾諸侯
舉人以見疑可也齊侯何為而亦人乎
夏六月齊人滅遂
遂國也其不日微國也
非也說已見後
冬公會齊侯盟於柯
曹劌之盟也信齊侯也桓盟雖內與不日信也

曹劌事無實說已見公羊穀梁於北杏本言疑小白之未可霸至是纔數月何為而遽信之也若以不日為信則北杏亦不日安知其不為信乎

十有四年

夏單伯會伐宋

會事之成也

非也說已見公羊

秋七月荆入蔡

荆者楚也其曰荆何也州舉之也州不如國國不如名名不如字

此傳竊取公羊之説知其有不可通者故去國不若氏氏不若人人不若名而獨存此三言以成其爲外楚之例然他國亦故未有稱名稱字者范甯以介葛盧邾儀父足之不知葛盧稱名儀父稱字法自當書非進之也

十有六年

冬十有二月會齊侯宋公陳侯衛侯鄭伯許男曹伯滑伯滕子同盟于幽

同者有同也同尊周也不言公外内寮一疑之也

同盟説已見左氏凡傳言同尊周同外楚者皆妄也不言公以從讐也以爲外内寮一疑之其無據

與北杏同

十有七年春齊人執鄭詹

人者衆辭也以人執與之辭也鄭詹鄭之卑者卑者

不志此其志何也以其逃來志之也逃來則何志焉將有其末不得不録其本也鄭詹鄭之佞人也

鄭詹為畀者說與宋萬同傳大抵以人為衆辭故於此復以為與其執齊人執子叔姬執單伯亦與其執乎

夏齊人殲于遂

殲者盡也然則何為不言遂人盡齊人也無遂之辭也無遂則何為言遂其猶存遂也存遂奈何曰齊人

滅遂使人戍之遂之因氏飲戍者酒而殺之齊人殲焉此謂狎敵也

此言齊人自取其死非遂人殺之其文明甚傳既曰無遂又曰存遂蓋但以滅遂為無遂以見遂為存遂爾不知遂雖滅遂人固在也何用強別之曰狎敵亦非是言戍則非狎矣

秋鄭詹自齊逃來

逃義曰逃

非也說已見前

十有八年春王三月日有食之

不言日不言朔夜食也何以知其夜食也曰王者朝日故雖為天子必有尊也貴為諸侯必有長也故天子朝日諸侯朝朔

不言日不言朔說已見左氏按左氏傳十八年下此文缺夜食而朔見之固食朔矣何以謂之夜食夜中星隕此可見也故書夜日食於夜中此不可見也故不

書豈有不記其可見而記其不可見者乎凡書日食以魯書不以周書也既曰諸侯朝朔則不朝日其食非所見矣亦不得以王者朝日為義

夏公追戎于濟西

其不言戎之伐我何也以公之追之不使戎邇於我也於濟西者大之也何大焉為公之追之也

非也說已見公羊戎來而公自追之雖至於濟西亦何足以為大范甯謂戎遠來至濟西以有徒衆

為大若是則戎本不至魯而公即之於濟西何以
謂之追非傳意也
秋有蜮
一有一亡曰有蜮射人者也
此直謂中國所無故曰有若曰一有一亡則螽螟
何以不書有乎
十有九年
秋公子結媵陳人之婦於鄄遂及齊侯宋公盟

媵淺事也不志此其志何也辟要盟也何以見其辟要盟也媵禮之輕者也盟國之重也以輕事遂乎國重無說其曰陳人之婦略之也其不日數渝惡之也

媵淺事不志是也此蓋欲見公子結之遂故不得不先書若結實受命於魯使以媵往伺二國而强與之盟則既得盟目不必見媵而直書盟何用遂結之遂若結但以媵往遇二國而自請與之專盟則非魯之要何用見其辟傳言以輕事遂乎國重

無説是謂結本 無滕事魯欲强二國而要盟虛設滕事以往經因辟其名以志之不唯齊宋大國不可欺以虛言且是時齊宋强而魯弱魯亦安能使人越境要盟而必其從乎

二十有二年春王正月肆大眚

肆失也眚災也災紀也失故也為嫌天子之葬也

書眚災肆赦眚過失也災天災也肆猶緩之云今以肆為失眚為災既誤矣又以災為紀失為故其

義愈不可解嫌天子之葬尤非是大眚猶大雩魯之所得為也所惡於肆大眚者為其因文姜而凡國之大罪皆無故而得緩以為縱失有罪而非刑云爾

陳人殺其公子禦寇

言公子而不言大夫公子未命為大夫也其曰公子何也公子之重視大夫命以執公子

命以執公子范甯以執為視是也公子之重視大

夫則不待為大夫而得氏矣然公子彄傳何以言先君之大夫而俠言佛（弗）大夫哉殺公子與殺大夫例異殺大夫而言公子者公子而為大夫者也殺公子而不言大夫者公子而未為大夫者也非大夫不得以名氏見經殺公子則見者猶殺世子母弟目君之意所以重親親之恩也故殺庶姓非大夫不書殺公子雖非大夫亦書蓋有大夫公子以為別則不嫌非大夫而氏也此非經通例傳言公

子而不言大夫公子未命為大夫其說雖是而不知所以得書之義槩以為公子之重視大夫者妄也

二十有三年

公至自齊

公如往時正也致月故也如往月致月有懼焉爾

此與定八年傳公至自侵齊言公如往時致月危致也往月致時危往也往月致月惡之也畧同穀

梁於致為例最多而皆不可據文十三年冬公如晉明年正月書公至自晉此時往而月致於例當為危致也據左氏公乃朝晉尋盟仍為鄭衛兩國請盟而還一出而三國附則致安得為危哉襄三年六月公會諸侯盟於雞澤秋書公至自會此月往而時致於例當為危往也據左氏乃周靈王新即位使單子出與諸侯盟以安王室陳侯遂背楚而請盟則往安得為危哉僖四年正月公會諸侯

侵蔡遂伐楚八月書公至自伐楚於例當爲惡之也據左氏乃公與齊小白自是服楚屈完來盟於師遂爲召陵之盟則安得爲惡之哉槩而論之殆不勝舉傳但見三者不齊故强爲説以别之意在時往時致者爲正也不知或時而見月或月而見時者史或失其月於前或失其月於後經據實而書無所加損若月而見月者前後月適兩得之也時而見時者前後月適兩失之也亦安能必時往

時致爲正且以往危故月而致時若先書春正月往而致在時中可復書春致乎致危故時而致月若先書春往而致在正月可復書正月致乎惡之故往月致月若先書正月往而致在月中可再書正月致乎雖使穀梁自分解亦無辭矣

荆人來聘

善累而後進之其曰人何也舉道不待再

荆楚稱人說已見公羊據傳例州不如國誠欲進

之何不稱楚而稱荊乎

二十有四年

八月丁丑夫人姜氏入

入者內弗受也日入惡入者也何用不受也以宗廟弗受也其以宗廟弗受何也娶讎人子弟以薦舍於前其義不可受也

言娶讎人子弟不可薦舍於前則是言宗廟弗受猶言周公弗受者同也

[illegible]

戊寅大夫宗婦覿用幣

覿見也禮大夫不見夫人不言及不正其行婦道故列數之也男子之贄羔鴈雉腒婦人之贄棗栗腶脩用幣非禮也用者不宜用者也大夫國體也而行婦道惡之故謹而日之也

禮君祭於廟而夫人與獻他國來聘而夫人與饗大夫皆在焉大夫無不見夫人之道此但譏不當覿且用幣耳大夫以大夫言宗婦以宗婦言此自

不可以相及者非所以起問也

赤歸于曹郭公

赤葢郭公也何爲名也禮諸侯無外歸之義外歸非正也

非也說已見公羊

二十有五年春陳侯使女叔來聘

其不名何也天子之命大夫也

非也說已見單伯逆王姬

六月辛未朔日有食之鼓用牲于社

言日言朔食正朔也鼓禮也用牲非禮也天子救日置五麾陳五兵五鼓諸侯置三麾陳三鼓三兵大夫擊門士擊柝言充其陽也

非也說已見公羊

伯姬歸于杞

其不言逆何也逆之道微無足道焉爾

非也說已見前

秋大水鼓用牲于社于門

高下有水災曰大水既戒鼓而駭衆用牲可以已矣救日以鼓兵救水以鼓衆

非也說已見公羊

二十有六年

曹殺其大夫

言大夫而不稱名姓無命大夫也無命大夫而曰大夫賢也為曹羈崇也

非也説已見公羊

二十有七年

夏六月公會齊侯宋公陳侯鄭伯同盟于幽

同者有同也同尊周也於是而後授之諸侯也其授之諸侯何也齊侯得衆也桓會不致安之也桓盟不日信之也信其信仁其仁衣裳之會十有一未嘗有歃血之盟也信厚也兵車之會四未嘗有大戰也愛民也

按論語孔子曰桓公九合諸侯不以兵車今言衣裳之會十有一妄矣微論語無以見二氏載事不可盡信可以是推之也

秋公子友如陳葬原仲

言葬不言卒不葬者也不葬而言葬諱出奔也

非也說已見左氏

莒慶來逆叔姬

諸侯之嫁子於大夫主大夫以與之來者接内也不

正其接內故不與夫婦之稱也

此叔姬嫁于莒慶而慶自來逆也紀履綸來逆此為君逆也諸侯逆女尊相敵則以彼為主故言女女娶者之辭也故公如齊逆女亦言女大夫逆女尊不敵則以我為主故言叔姬叔姬嫁者之辭也故內女歸皆舉字繫氏莒慶越境而逆女於文自見貶矣謂公與為禮不正其接內此何以見之哉

二十有八年春王三月甲寅齊人伐衛衛人及齊人戰

衛人敗績

於伐於戰安戰也戰衛戰則是師也其曰人何也微之也何為微之也今授之諸侯而後有侵伐之事故微之也其人衛何也以其人齊不可不人衛也衛小齊大其以衛及之何也以其微之可以言及也其稱人以敗何也不以師敗於人也

齊魏稱人說已見公羊左氏盖載其事穀梁豈竊聞之而不審遂妄以侵伐之事論之乎同盟於幽

穀梁方言諸侯信其信仁其仁故桓盟不日桓會不致美今何忽之而反不信不仁乎且侵伐之事王者所不能免今授之諸侯何得遽為之罪經皆以欲戰者為主不以國大小此以衛人及齊人蓋見衛人不服罪爾稱人以敗所以終其貶也敗績稱師是乃常文傳不知變文示貶之義妄為之說泓之戰宋師敗於楚人以師敗於人有何不可哉

秋荊伐鄭

荆者楚也其曰荆州舉之也

非也說已見前

冬築微

山林藪澤之利所以與民共也虞之非正也

微邑非囿也何山林藪澤之有

大無麥禾

大者有顧之辭也於無禾及無麥也

大者有顧之辭於義何以見大有年大水亦皆有

顧手前未有書災者安知其無禾及無麥螽螟之類苟可以害物者即書矣一災不書亦非春秋之義

臧孫辰告糴于齊

國無三年之畜曰國非其國也一年不升告糴諸侯告請也糴糴也不正故舉臧孫辰以為私行也國無九年之畜曰不足無六年之畜曰急無三年之畜曰國非其國也諸侯無粟諸侯相歸粟正也臧孫辰告

糴於齊告然後與之言内之無外交也古者稅什一豐年補敗不外求而上下皆足也雖係凶年民不病也一年不艾而百姓饑君子非之不言如為内諱也國無三年之畜至於無麥禾譏莊公也冢宰以歲杪制國用而知其有無無麥禾而後告糴譏臧孫辰也故不言如以臧孫辰專行為文非内諱也

二十有九年

秋有蜚

春秋穀梁傳讞

一有一亡曰有

非也說已見前

三十年

秋七月齊人降鄣

降猶下也鄣紀之遺邑也

鄣非紀邑說已見公羊

八月癸亥葬紀叔姬

不日卒而日葬閔紀之亡也

此存紀爾傳妄以諸侯日卒日葬之例推之也

冬公及齊侯遇于魯濟

及者内為志焉爾遇者志相得也

非也説已見前

齊人伐山戎

齊人者齊侯也其曰人何也愛齊侯乎山戎也其愛之何也桓内無因國外無從諸侯而越千里之險北伐山戎危之也則非之乎善之也何善乎爾燕周之

春秋穀梁傳讞

分子也貢職不至山戎為之伐矣

齊侯稱齊人說已見公羊傳前以伐衛人齊為微之今以伐山戎人齊為愛之於文何以為別也

三十有一年

六月齊侯來獻戎捷

齊侯來獻捷者内齊侯也不言使内與同不言使也

獻戎捷軍得曰捷戎菽也

齊人伐山戎傳以為齊侯則今來獻捷者貴齊侯

也何用以不言使起問乎來者通為外至之辭不得別為義諸侯不相遺俘此蓋齊侯欲以戎捷威我故顯書以抑之爾

三十有二年

夏宋公齊侯遇於梁邱

遇者志相得也梁邱在曹邾之間去齊八百里非不能從諸侯而往也辭所遇遇所不遇大齊桓也

此與宋公衛侯遇於垂同文自當從其不期而會

春秋[illegible]

之例矣今日辭所遇遇所不遇乃期而遇者也齊雖伯主而遇非伯事故以宋公序上若謂小白遇所不遇而大之則當以小白主遇何為不言齊侯宋公遇於梁邱乎

冬十月乙未子般卒

子卒日正也不日故也有所見則日

前言諸侯日卒正者正謂嫡也則不日者謂非嫡爾今又言不日故也似為子般以弒發之則日卒

為無故不日卒者為有故也其說當安從乎若曰日卒者為嫡不日者為故是一例而兼二事凡不以事見而但見日者為嫡乎為無故乎不日者為故乎為非嫡乎既曰不日故矣又曰有所見則日蓋謂閔公後不書即位為見子般之弑猶言齊子糾前書為見小白之非嫡故其卒皆不嫌書日也且傳為例本謂欲別嫌以辨義如子般小白皆例不當書日而非義之所在者何用反亂之而使嫌

[illegible]何詁

手據左氏莊公二十四年方娶夫人子般乃黨氏孟任之子不得為正度傳意盖亦不見其事而誤謂子般為嫡故以為當書日者也

公子慶父如齊

此奔也其曰如何也諱莫如深深則隱苟有所見莫如深也

子般之死魯人未知為慶父所殺故慶父得以如齊而請立閔公實非奔也可為諱乎

春秋穀梁傳讞

卷三

三十六

己未正月二十八日校

春秋穀梁傳讞卷三